# COMPAÑEROS
# DE ORACIÓN

## John Maxwell

**BETANIA**

*Un Sello de Editorial Caribe*

© 1998 EDITORIAL CARIBE/BETANIA
*Una división de Thomas Nelson, Inc.*
Nashville, TN – Miami, FL

www.editorialcaribe.com
E-mail: editorial@editorialcaribe.com

Título en inglés: *Partners in Prayer*
© 1996 por Maxwell Motivation, Inc.
Publicado por *Thomas Nelson Publishers*

Traductor: *Edith Cabauy*

ISBN: 0-88113-514-3

Impreso en EE.UU.
Printed in U.S.A.

# DEDICATORIA

Este libro está dedicado a:

Bill Klassen,
más semejante a Moisés que cualquier otro hombre
que jamás haya conocido, quien comenzó
el ministerio de compañeros de oración
y quien cada día oró y se mantuvo en la brecha
por mí durante los últimos quince años.

Fred Rowe,
el Josué de Bill y mío,
quien se convirtió en un gran guerrero de oración por
derecho propio y continúa intercediendo por mí en INJOY
cada día.

Los ciento veinte compañeros de oración de Skyline,
cuyas poderosas y protectoras oraciones merecen el crédito
de cualquier éxito que haya obtenido
como esposo, padre y líder de la iglesia.

# CONTENIDO

# PRÓLOGO

## por Max Lucado

Hace unos meses disfruté de un sabático verano de cuatro semanas. Me propuse tres metas en ese tiempo. Primero quise planear una serie de lecciones para el otoño sobre el tema de la gracia, lo cual hice. La segunda fue aspirar a romper un récord de noventa en el juego de golf, lo cual hice también, una vez. Y la tercera era que quería aprender más acerca de las técnicas del liderazgo. Fue a través de esta tercera meta que llegué a conocer a John Maxwell.

Puesto que me lo recomendaron como compañero de trabajo, busqué su consejo y lo llamé. Me invitó a ir a hablar a la congregación de Skyline en San Diego. Lo hice. Obtuve algunas ideas sobre el liderazgo, pero más aun, gané pasión por los compañeros de oración.

Mi domingo en Skyline se inundó de oración. Los compañeros de oración me recibieron al entrar por la puerta y se reunieron conmigo al salir de la plataforma. Oraron por mí al volar en avión, al hablar y aun cuando descansaba. Estaba tan convencido de la importancia de los compañeros de oración, que le pedí a Dios que me concediera ciento veinte miembros que se comprometieran a orar por mí todos los días y oraran conmigo con fervor.

Al regresar a mi púlpito anuncié mi sueño a la congregación. En un mes exacto ciento veinte personas se ofrecieron como voluntarias para formar el equipo. Los dividimos en cuatro grupos y asignamos a cada grupo un domingo al mes en el que llegarían temprano para orar por la congregación.

Eso sucedió hace seis meses. ¿Ha honrado Dios las oraciones de su pueblo? Aquí hay una muestra de lo que Dios ha hecho desde que organizamos los compañeros de oración:

- Hemos roto el récord de nuestra asistencia dominical dos veces.
- Terminamos el año con el promedio de asistencia dominical más alto jamás obtenido.
- Terminamos el año, escuchen bien, con finanzas que sobrepasaron nuestro presupuesto.
- Añadimos tres nuevos miembros al personal y seis nuevos ancianos.
- Fuimos testigos de varias sanidades físicas importantes.
- Completé un libro retador sobre el tema de la gracia.
- Nuestro personal completo asistió a la inauguración de la Conferencia de Pastores Guardadores de Promesas.
- El antagonismo en nuestra iglesia ha mermado y la unidad ha aumentado.

Y lo más significativo, hicimos un llamamiento a la iglesia para orar y ayunar durante cuarenta días pidiendo a Dios que su rostro brillara sobre nosotros. Dios ha honrado las oraciones de su pueblo. Estoy más convencido que nunca de que: Cuando trabajamos, trabajamos; pero cuando oramos, es Dios el que trabaja.

Gracias, John Maxwell, por tu ejemplo. Gracias por esforzarte en poner en imprenta lo que has puesto en práctica. Hablo por miles que se beneficiarán con este libro cuando digo: Eres amigo de todos los que sueñan con un reino creciente.

# 1

# DESATE EL POTENCIAL DE LA ORACIÓN

*Muéstrame, oh Jehová, tus caminos; enséñame tus sendas.*
*Encamíname en tu verdad, y enséñame, porque tú eres el Dios*
*de mi salvación; en ti he esperado todo el día.*
*Salmo 25.4-5*

Crecí en un hogar cristiano donde la oración era importante. Como pastor pasaba mucho tiempo orando cada día. Pero no fue hasta que Dios me trajo un compañero de oración que mi vida y ministerio prorrumpieron con poder y los resultados comenzaron a multiplicarse de una manera increíble.

Todo comenzó en 1981 cuando acepté ser el pastor principal de la iglesia wesleyana Skyline en San Diego, California. Mi esposa, Margaret, y yo nos mudamos a esa ciudad con nuestros hijos, Elizabeth y Joel Porter, después de haber pasado dos años como director ejecutivo de evangelización en Wesleyan World Headquarters [Oficinas Centrales Wesleyanas Mundiales] en el estado de Indiana. Antes de eso fui pastor de dos iglesias en Indiana y Ohio respectivamente.

Estaba emocionado de volver a ser pastor y sobre todo por ir a Skyline. Estaba ansioso por conocer el personal, evaluar el ministerio de la iglesia y su liderazgo e identificar los líderes clave que me ayudarían a llevar a cabo la misión de la misma.

Traté de alcanzar lo mayor posible en el menor período posible, lo cual mantuvo mi agenda muy ocupada.

Un martes por la mañana, aproximadamente seis semanas después de llegar a Skyline, estaba revisando la agenda del día cuando vi una cita prevista para reunirme con una persona cuyo nombre no reconocí.

—¿Quién es Bill Klassen? —pregunté.

—Es la persona citada para las diez —respondió Bárbara, mi asistente.

—Eso veo... pero, ¿quién es? ¿Es algún líder? —pregunté. Había pasado las últimas semanas concentrando mi atención en conocer los líderes de mi congregación.

—No, no lo es —dijo Bárbara—. A propósito, ni siquiera asiste a la iglesia Skyline.

Bárbara pudo ver la tristeza en mi rostro.

—Dijo que tenía que verle. Insistió mucho —añadió enfáticamente.

—Bueno —dije—, déme como quince minutos con él y si para ese entonces no hemos terminado, interrúmpanos.

Mi plan consistía en comprender cuál era su agenda, arreglar cualquier problema que pudiera tener con amabilidad, pero con rapidez, y continuar con el trabajo que tenía que hacer ese día.

# UN LAICO LLAMADO A ORAR

Bill resultó ser un caballero blanco en canas de unos sesenta años de edad. Su rostro era agradable, casi radiante. Me recordó que quizás Moisés lucía así cuando bajaba del monte Sinaí. Comenzó a hablarme de él, de su trabajo en la construcción en Canadá, cuando vendía barcos de vela en Washington y el sur de California, y también de su trabajo de discipular en el ministerio de los Navegantes.

«John», dijo, «creo que Dios me ha llamado como laico a preparar, alentar y orar por los pastores, y vine hoy para poder orar por usted».

*¿Quería orar por mí?*, pensé. *En todos los años que llevo como pastor nunca tuve un laico que viniera a orar por mí.* Toda mi agenda comenzó a esfumarse. Sentí que el Espíritu Santo me inundaba diciendo: «John, mi agenda es más importante que la tuya. Tu vida no es una calle de una sola vía en la que solo tú ministras para otros. Hay personas que quieren ministrarte y he mandado este laico para que ore por ti».

Cuando Bárbara vino a interrumpirnos, le dije que saliera. Bill y yo estuvimos probablemente una hora orando juntos ese día y lloré al saber que Dios mandó a alguien para orar solamente por mí. Bill satisfizo una necesidad personal que ignoraba tenía, y ardía en él ese continuo deseo de que sus oraciones nos cubrieran a mí, a mi iglesia, mi familia y mi ministerio.

Un rato después me comunicó que había estado orando dieciocho meses para que Dios le enviara un pastor por quién orar. Después de nuestra reunión de aquel día, se fue a casa e inmediatamente habló con su esposa Marianne.

«Encontré nuestro pastor hoy, Marianne», dijo. «No le he oído predicar, pero sí lo escuché orar». El domingo siguiente Bill y Marianne fueron a la iglesia y se sentaron en un banco cerca del frente. Y desde entonces siguieron sentándose allí.

# EL PODER DEL COMPAÑERISMO EN LA ORACIÓN

Nuestras vidas no siguieron siendo las mismas después de aquella reunión. Bill se convirtió en mi compañero de oración y confidente, y continuó ayudándome a organizar un ministerio de compañeros de oración en Skyline, un grupo de personas que oraba por mí todos los días durante mis catorce años de permanencia allí, que se reunían en pequeños grupos en la iglesia cada domingo para cubrir los cultos con sus oraciones. Este ministerio comenzó con treinta y un miembros y finalmente creció hasta llegar a ciento veinte.

Durante esos catorce años la congregación, que contaba con poco más de mil personas, se triplicó hasta llegar a tener casi tres mil quinientas. El ingreso anual ascendió de setecientos cincuenta mil a más de cinco millones de dólares. El ministerio de Skyline floreció y el número de los laicos involucrados aumentó de ciento doce a mil ochocientos.

Sin embargo, el verdadero poder asombroso de esas oraciones se ha reflejado de manera individual en las vidas: Miles de personas han aceptado a Cristo durante esos años. Mis compañeros de oración crecieron espiritualmente participando activamente del poder milagroso de la oración en sus vidas diarias. Bill y Marianne Klassen iniciaron su propio ministerio enseñando en otras iglesias a comenzar sus grupos de compañeros de oración, y durante esos años Dios me ha guiado por un sendero increíble. Además de todas las maravillas que sucedieron en nuestra iglesia, comencé a trabajar cada vez más con otros pastores enseñándoles sobre liderazgo y crecimiento de la iglesia, es por eso que, establecí INJOY, una organización cristiana sin denominación dedicada a brindar ayuda a líderes de modo que alcancen su máximo potencial en iglesias, negocios y familias. Hasta he llegado a tener el privilegio de hablar en algunas conferencias de Cumplidores de Promesas por todo el país.

Sin las oraciones y el poder del Espíritu Santo creo que nada de eso hubiera sucedido. Todo honor y gloria corresponden a Dios. Pero el crédito por haber desatado ese poder y mantenerme protegido un día tras otro lo merecen esos compañeros de oración.

# COMPAÑEROS DE ORACIÓN EN LA HISTORIA

El concepto de buenos laicos que acompañan en oración no es nuevo. Se remonta a los tiempos del Antiguo Testamento en el libro de Éxodo cuando Moisés oró sobre la cumbre del collado para que Josué derrotara a los amalecitas (discuto el incidente con más detalles en el capítulo cinco).

Continúa en el Nuevo Testamento, particularmente en los primeros días de la iglesia en desarrollo del primer siglo, tal como se narra en el libro de Hechos. Tal vez recuerde cómo oraron los ciento veinte discípulos en los días comprendidos entre la ascensión de Jesús y el Pentecostés (Hechos 1.14). El día en que descendió el Espíritu Santo un simple pescador llamado Pedro dio su testimonio y tres mil personas se convirtieron.

Sin duda, a través de los siglos han habido innumerables ocasiones en que los fieles han acompañado a sus predicadores con sus oraciones. Aunque no hay constancia sino en el cielo de muchas de ellas, sí conocemos la historia de algunas más recientes:

## Predicador: Charles Finney

| | |
|---|---|
| Año: | 1830 |
| Lugar: | Rochester, New York |
| Resultados: | En un año, de los diez mil habitantes de la ciudad, mil se entregaron a Cristo. |
| Compañero: | Abel Clary. Finney escribió: «El señor Clary continuaba orando mientras yo proseguía, y seguía haciéndolo hasta que no terminaba. Nunca se presentó en público, pero se entregó por completo a la oración». |

## Predicador: D. L. Moody, un desconocido trabajador de la YMCA [Asociación Cristiana de Jóvenes Metodistas]

| | |
|---|---|
| Año: | 1872 |
| Lugar: | Londres, Inglaterra |
| Resultados: | En diez años se añadieron cuatrocientos nuevos convertidos a la iglesia donde predicaba. |

Compañero:    En Londres una muchacha postrada en cama llama-
              da Marianne Adlard leyó un recorte impreso acerca
              del ministerio de Moody en Chicago y oró para que
              Dios lo mandara a su iglesia.

## Predicador: Jonathan Goforth, misionero canadiense

Año:         1909

Lugar:       Manchuria, China

Resultados:  Un gran avivamiento por toda Manchuria.

Compañero:    Más tarde, durante su estancia en Londres, llevaron
              a Godford a ver una dama inválida. Al conversar
              sobre un avivamiento en Manchuria, ella le pidió que
              mirara su libreta de notas. Allí tenía anotada la
              ocasión en que sintió un poder especial que le ins-
              taba a orar por Manchuria. Goforth se sobrecogió de
              temor al comprender que esos eran precisamente los
              días en que fue testigo del gran poder que recibió
              Manchuria.

## Predicador: Mordecai Ham, evangelista sureño

Año:         1934

Lugar:       Charlotte, Carolina del Norte

Resultados:  Muchas personas allí se conmovieron profundamen-
              te, entre ellos el hijo de un campesino llamado Billy
              Graham, quien se convirtió también.

Compañeros:   Algunos comerciantes junto con el padre de Billy
              Graham pasaron un día en la finca de los Graham
              orando para que Dios impactara su ciudad, su estado
              y su mundo.

## Predicador: Billy Graham

Año:  1949

Lugar:  Los Ángeles, California

Resultados:  Una larga campaña que trajo como resultado un cambio en el método de alcanzar las personas para Cristo, lo cual guió hacia una nueva era de evangelización masiva.

Compañeros:  Graham había conducido muchas campañas similares con menores resultados. Más tarde comprendió que la única diferencia entre la cruzada de Los Ángeles y todas las anteriores consistía en la cuantía de oración que él y los suyos le dedicaron.

Estos ejemplos atestiguan el tremendo poder de los compañeros de oración. No importa si el líder es un pastor o un laico, ni si la persona que ora es un hombre, una mujer o un niño. Cuando alguien entre bastidores acompaña en oración a uno de los siervos de Dios a la vanguardia, suceden cosas asombrosas.

# LA ORACIÓN CAMBIA EL MUNDO

Es difícil decir cuánto ha cambiado el mundo como resultado de la oración reservada de los cristianos a través de la historia. ¡La oración es poderosa! Juan Wesley lo reconocía cuando dijo:

Denme cien predicadores que no teman sino al pecado y deseen solo a Dios, y nada importa en absoluto si son clérigos ni laicos, solo eso sacudirá las puertas del infierno y establecerá el reino de los cielos en la tierra. Dios no hace nada si no es a través de la oración.

Cuando los pastores y las personas oran juntos, la mano de Dios se mueve. Dios hace posible lo imposible.

A través de la oración Dios multiplica grandemente nuestros esfuerzos. C.H. Spurgeon dijo: «Cuando Dios se determina a hacer algo, primero dispone a su pueblo a orar». En un momento de revelación Spurgeon descubrió que ni sus sermones ni sus buenas obras contaban para el impacto espiritual de su ministerio. Fue en cambio, como un escritor dijo: «Las oraciones de un hermano laico analfabeto que se sentaba en los peldaños de la plataforma rogando por el éxito de los sermones». Fue su asociación con las personas que oraban lo que le daba eficacia.

Personalmente puedo testificar de los beneficios que las oraciones de otros me han dado. Ha habido ocasiones en que, ya listo para dar un culto o conferencia, me he sentido físicamente exhausto. Pero cuando mis compañeros de oración me imponen sus manos y les veo orar por el auditorio, recibo nuevas fuerzas físicas, mentales, espirituales y emocionales. Me siento preparado para recibir el poder de Dios y eso permite que mi ministerio cause gran impacto en la vida de las personas.

Mis compañeros de oración también me han dicho: «Pastor, durante el culto cubriremos las personas a nuestro alrededor con oración. Cuando nos vea en el culto, levantaremos nuestros pulgares en señal de victoria. Así sabrá que estamos orando por usted y tenemos su área cubierta». Cuando hemos tenido un culto particularmente bueno, sé que la causa se debe a mis compañeros de oración.

Jamás olvidaré la conferencia sobre el Crecimiento de la Iglesia que INJOY celebró en Anderson, Indiana, hace dos años. Asistieron como dos mil quinientas personas y varios de mis compañeros de oración estaban allí. Me encontraba en la plataforma con Sheryl Fleisher, una amiga y compañera en el pastorado. Mientras Sheryl hablaba, un miembro del cuerpo administrativo de la universidad donde celebrábamos la conferencia bajó apresuradamente por el pasillo y se dirigió a la plataforma. Capté por la expresión de su rostro y los movimientos de su cuerpo que algo andaba mal.

«John», dijo, «he recibido el mensaje de que un tornado tocó tierra como a tres kilómetros de aquí y se dirige hacia nosotros».

Interrumpí a Sheryl y calmadamente indiqué a las personas que se refugiaran en el sótano. Mientras se dirigían hacia las escaleras, Brad Hansen, nuestro líder de alabanza, subió a la plataforma con su acompañante, Terry Hendricks, y suavemente nos dirigieron en el himno «Solo de Jesús la sangre». Alrededor de las tres cuartas partes del grupo pudo apretujarse en el sótano y el resto hizo fila junto a la pared. Algunos de nosotros permanecimos en la plataforma mientras Brad continuaba dirigiendo el canto. Al mirar a mi alrededor divisé a Bill Klassen y unos cuantos compañeros de oración y comencé a orar también ordenando a Satanás y sus huestes a retirarse por el poder de Dios.

En pocos minutos nos avisaron que el tornado súbitamente había cambiado de rumbo hacia el norte y estábamos libres de amenaza. El período de enseñanza fue en particular agradable ese día luego que todos regresaron al auditorio. Y en la conferencia más de cien personas se consagraron al servicio cristiano a tiempo completo. Las oraciones de esos pocos fieles puso en movimiento el poder de Dios, evitaron un desastre casi inminente y ayudaron a edificar el Reino de Dios.

# LA ORACIÓN ME CAMBIA A MÍ

Jesús le dijo a sus discípulos: «De cierto, de cierto os digo, que todo cuanto pidiereis al Padre en mi nombre, os lo dará. Hasta ahora nada habéis pedido en mi nombre; pedid y recibiréis, para que vuestro gozo sea cumplido» (Juan 16.23-24). Si la oración no hiciera más que lo que Jesús prometió, este fuera uno de los más grande dones que Dios nos haya otorgado. Pero la oración hace aun más. Cambia a la persona común y la convierte en una extraordinaria.

La oración nos cambia acercándonos más a Dios, moldeándonos conforme a su semejanza en el proceso. David conoció el poder de la oración como un agente de cambio personal. Su oración en el Salmo 25.4-5 describe el proceso a través del cual lleva a la persona: «*Muéstrame*, oh Jehová, tus caminos; *enséñame* tus sendas, *encamíname* en tu verdad, y enséñame, porque tú eres el Dios de mi salvación; en ti he esperado todo el día» (énfasis añadido).

Este pasaje contiene tres frases clave: *muéstrame, enséñame* y *encamíname*. Cuando Dios *nos muestra* sus normas y su voluntad para nuestras vidas, no siempre nos es fácil. Casi siempre requiere que crezcamos y cambiemos. Pero una vez que aceptamos lo que Dios nos quiere mostrar, puede *enseñarnos*. Y cuando se nos puede enseñar y crecemos, finalmente nos podrá *encaminar* para guiarnos hacia su plan y propósito. Cuando Dios me muestra, Él tiene mi corazón. Cuando me enseña, tiene mi mente. Cuando me encamina, tiene mi mano.

Crecemos para alcanzar los retos por los que oramos. Recuerdo la historia de una expedición que se propuso escalar el monte Everest en 1924. Un grupo de alpinistas trató de alcanzar la cima de la montaña más alta del mundo, pero fracasó. Es más, dos de sus miembros murieron en el intento. Pocas semanas más tarde se reunieron en Londres para hablar sobre esto y dar su informe ante una multitud de patrocinadores interesados.

En la plataforma había un gran cuadro del Everest. Uno de ellos se puso de pie para hablar. Al dirigirse a la multitud, se volvió hacia el cuadro y dijo: «Nos conquistaste una vez, nos conquistaste dos veces, pero monte Everest, no nos conquistarás siempre». Se volvió hacia la audiencia y con determinación dijo: «El monte Everest no puede crecer más, pero nosotros sí».

# NO VIVA POR DEBAJO DE SU POTENCIAL

A pesar de la promesa divina de que el poder de la oración puede cambiar al mundo y a nosotros, muchos cristianos nunca se adentran en este concepto. Se entregan a Cristo, pero entonces viven por debajo de sus privilegios. Es como si Dios les hubiera preparado un banquete increíble y luego se sientan en un rincón a comer un sándwich de mortadela. El problema es que no quieren arriesgar su conocido sándwich por la promesa de un banquete. Es como si dijeran: «Está bien, soy salvo y voy al cielo, pero me voy a quedar aquí mismo hasta entonces».

Debo preguntarle: ¿Es usted uno de esos que viven por debajo de sus privilegios y se pierden su potencial por no orar? La mesa está puesta; el banquete está servido. Ya recibió la invitación. ¿Qué hará ahora? ¿Llevará un amigo y se sentarán a la mesa? ¿O se sentará en una esquina a comerse su sándwich? Usted decide. *Puede* convertirse en una persona de oración que recibe y testifica de las bendiciones que Dios tiene para darle.

La mayoría de las personas y sus iglesias por todo el país se están muriendo de hambre en el campo de la oración. Un pastor evangelista, refiriéndose a su denominación, dijo: «En Hechos capítulo dos oraron durante diez días; Pedro predicó diez minutos y tres mil personas se salvaron. Hoy día las iglesias oran diez minutos, predican diez días y se salvan tres».

Sin embargo, no tiene que ser así. Cada pastor de cada iglesia en este país puede adentrarse en el asombroso poder y la protección que solo la oración puede dar. Creo que usted puede ser una de esas personas que pueden ayudar a que estas cosas sucedan en su iglesia.

Podrá objetar diciendo: «¿Yo? No soy un guerrero de oración. Nunca podría dirigir ni organizar a otros para que oren. No me siento a gusto con la idea de orar por mi pastor. Ni tan siquiera sé si puedo hacerlo».

Mi respuesta es: «¡Sí, sí puede!» Cualquiera puede convertirse en un poderoso hombre de oración. No hace falta un milagro, ni usted tiene que ser un santurrón. Todo lo que necesita es ser cristiano. Si reúne ese requisito, tiene el potencial de convertirse en un gran orador. Y por eso puede orar por los líderes de su iglesia. Está en el mismo nivel que ellos a los ojos de Dios. El pastor es sencillamente un hermano en Cristo, no un gigante espiritual. Lucha con los mismos problemas que usted.

Prepárese para una jornada emocionante, la que ayudará a usted, a sus pastores y a su iglesia a alcanzar su máximo potencial. Comenzaremos lentamente, primero hablando acerca de algunos fundamentos de la oración y de cómo puede mejorar su vida de oración personal. Luego ampliaremos nuestra perspectiva de modo que abarque el aspecto de cómo puede orar por otros incluyendo a sus pastores, ancianos y otros líderes, y a su iglesia, mostrándole cómo puede convertirse en un compañero de oración. Y finalmente hablaremos acerca de la esperanza que todos tenemos para nuestras iglesias y nuestro país, el avivamiento.

# PREGUNTAS DE DISCUSIÓN

1.  ¿Cuál es la más grandiosa historia de «oraciones contestadas» que haya escuchado?

2.  Piense en los ejemplos de personas que han orado tras bastidores en la historia. ¿Han habido ocasiones en su vida en las que alguien podría haber estado orando en secreto por usted?

3.  ¿Cómo describiría su vida de oración actual?
    a. comiendo sándwich de mortadela
    b. revisando el menú
    c. probando los aperitivos
    d. disfrutando del banquete.
    e. comiendo y llevando a otros al banquete

4.  Describa qué pasaría si un grupo selecto de personas en su congregación orara diariamente por su iglesia y su pastor o pastores.

5.  C.H. Spurgeon dijo: «Cuando Dios se determina a hacer algo, primero dispone a su pueblo a orar». ¿Por qué gran obra desea Dios que usted ore en la actualidad?

# 2

# CONOZCA A SU PADRE

*Acercaos a Dios, y Él se acercará a vosotros.*
*Santiago 4.8*

Una noche de 1968 el piloto de un avión de pasajeros con destino a Nueva York se dio cuenta de que el tren de aterrizaje de su jet estaba trabado. Al acercarse cada vez más a su destino, continuaba luchando con los controles tratando de que las ruedas cayeran en su lugar, pero sin éxito. Dando vueltas alrededor del aeropuerto, pidió instrucciones a la torre de control. El personal de tierra, respondiendo a la inminente crisis, roció la pista con espuma y los vehículos de emergencia se colocaron en posición. Le dieron instrucciones al piloto de que aterrizara lo mejor que pudiera.

Les pidieron a los pasajeros que se prepararan para lo peor y se colocaran en posición de descenso. Momentos antes del aterrizaje el piloto anunció por el intercomunicador: «Estamos comenzando nuestro descenso final. De acuerdo con los códigos internacionales de aviación establecidos en Ginebra, es mi obligación informarles que si creen en Dios, deben comenzar a orar». Entonces el avión hizo un aterrizaje de barriga y milagrosamente se detuvo sin causar daños a los pasajeros.

Si aquel piloto no se hubiera encontrado en una crisis ese día, sus pasajeros nunca hubieran sabido que en aquel avión había reservas ocultas para la oración. Pero, ¿no ocurre lo mismo con la mayoría de las personas? Mientras todo va bien, rara vez piensan en hablar con Dios. Mas cuando el asunto es de vida o muerte, se vuelven a Él para pedir ayuda.

Esa manera de pensar se puede esperar de los incrédulos. Muchos tienen una «mentalidad de llanta desinflada». Al cruzar por la carretera de la vida, si el auto anda bien, todo va de manera estupenda. Pero cuando la llanta se descompone, se vuelven a Dios.

# POR QUÉ LOS CREYENTES NO ORAN

Lo relevante es que muchos cristianos pasan tan poco tiempo en comunicación con Dios como los incrédulos. ¿Por qué? Es que han perdido su fe en el poder de la oración? William A. Ward dijo: «Dios no está más lejos de usted que a la distancia de una oración ... Escribimos una carta, la sellamos y la mandamos confiando que llegará a su destino, pero dudamos de que un Dios omnipresente escuche nuestras oraciones».

Creo que las personas no dedican mucho tiempo a la oración porque tienen una falsa actitud en cuanto a ella. Algunos piensan que esto es algo que solo hacen las abuelas; o piensan en las sencillas oraciones que decían en su infancia, tales como: «Dios es grande. Dios es bueno. Demos gracias por nuestros alimentos. Amén», o «Ahora me acuesto a dormir...»

Sin embargo, aun personas que tienen el genuino deseo de orar y han tratado de desarrollar una vida de oración, algunas veces tienen una idea equivocada en cuanto a ella. Piensan que para hacerlo tienen que aislarse por completo, arrodillarse, cerrar los ojos, juntar sus manos, etc. Toman consigo una lista de cosas por las cuales orar y la revisan metódicamente. Nada de eso es malo ni indebido, pero esa clase de vida de oración mecánica puede llegar a ser muy tediosa. Para la mayoría de las personas después de orar durante cinco minutos, no tienen más nada que decir, se frustran y entonces se sienten culpables por no tener una mejor vida de oración. Por eso no nos extraña que hayan tantos cristianos remisos a orar. Convirtieron la oración en algo formal, inflexible y muerto, lo que nunca fue la intención de ser. Cada vez que el mecanismo de la oración se interpone en nuestro amor hacia Dios, se convierte en un impedimento y no en una ayuda.

# HABLE CON UN AMIGO

Orar debe ser lo más natural del mundo, como si estuviera hablando francamente con un amigo en el que confía. C. Neil Strait dijo: «Orar es ... hablar con Dios y decirle que le ama ... conversar con Dios acerca de todas las cosas importantes de la vida, tanto grandes como pequeñas, asegurarse de que Él escucha».

Lo primordial en la oración es hablar con su Padre celestial y conocerle. Es el proceso de desarrollar una relación. ¿Cómo se desarrolla y crece en sus relaciones con Dios? De la misma manera que lo hace con cualquier otra persona. Pasan tiempo juntos. Armando Nicholi, de Harvard University Medical School, dijo: «El tiempo es como el oxígeno: se necesita una cantidad mínima para sobrevivir. Y se necesita tanto cantidad como calidad en el desarrollo de vínculos efusivos y afectuosos».

# SE PARECE UN POCO
# AL MATRIMONIO

Piense en sus relaciones con Dios como algo similar a las relaciones matrimoniales. La principal diferencia es que su pareja no es perfecta, pero Dios sí. Le ama incondicionalmente, es absolutamente digno de confianza y con solo pedírselo le perdona *cualquier cosa y todas las cosas* que haga mal, pasadas, presentes y futuras. La buena noticia es que ya Dios ha hecho la tarea más difícil en estas relaciones. Todo lo que tenemos que hacer es tener el deseo de comunicarnos con Él y podemos aprender a hacerlo.

Observe algunas parejas de matrimonios que conoce. Podrá darse cuenta de que en un buen matrimonio los esposos hablan de todas las cosas. Su comunicación es espontánea, transparente y franca. No se repriman nada; tampoco tratan de manipularse. Pero cuando la comunicación se hace tensa, formal o no existe, los matrimonios se deterioran. Los estudios indican que la mitad de los divorcios son el resultado de una mala comunicación.

Gary Smalley, experto matrimonial, dijo que una relación saludable en el matrimonio requiere una hora de comunicación diaria. Esto asegura el continuo desarrollo y profundidad en las relaciones. Y trato de pasar ese tiempo con mi esposa, Margaret, cada día. ¿Cómo cree que se sentiría si solo me comunico con ella en casos de emergencia?

Lo mismo es cierto con Dios. Desarrollar una relación profunda con Él requiere tiempo y esfuerzo. No puede desarrollarse en ratos escasos, apresurados y mecánicos, ni tampoco en casos de emergencia. E.M. Bounds una vez escribió: «A Dios no se le puede llegar a conocer precipitadamente. No otorga sus dones a quienes acuden a Él de vez en cuando. El secreto de llegar a conocer a Dios y ejercer influencia reside en estar mucho tiempo a solas con Él».

Si podemos cambiar nuestras actitudes hacia la oración, es decir, pensar en ella como un proceso que edifica nuestras relaciones con Dios, y cultivamos un período diario de oración, podemos llegar a ser personas fuertes en ella. Y la vida de oración que desarrollemos tiene el potencial de transformar completamente nuestras vidas.

Antes de entrar en más detalles de cómo orar, le daré algunas pautas que le ayudarán a tener una buena actitud hacia la oración:

## 1. Sea espontáneo

Trate de sacarse de la cabeza de una vez y por todas que la oración tiene que ser tediosa o repetitiva. En cambio, debe ser espontánea y emocionante. Eso tampoco significa que va a ser siempre alegre y divertida. Habrá ocasiones en que se lastime y clame a Dios pidiendo consolación y otras en que le grite enojado. Sin embargo, también reirá y la pasará bien. Lo importante es que se muestre tal cual es.

¿Qué significa mantener un espíritu espontáneo? Digamos, por ejemplo, que ora cada mañana al levantarse. Una mañana específica, al mirar su lista de oración, puede ser que se sienta preocupado y distraído. En vez de tratar de lidiar con esa preocupación inquietud y reprimirla, hable a Dios sobre ella primero. Y si no puede comprender qué le está molestando, pida a Dios que se lo revele. Despejar la mente al comenzar a orar bien quizás sea lo que necesite hacer para comunicarse mejor con Dios. O tal vez sea algo por lo que Dios quiere que ore durante todo su tiempo de oración en esa mañana.

El deseo de entregarse a sí mismo a Dios es un asunto de sentimiento y actitud. Podemos bloquearnos negándonos a crecer en nuestras relaciones o desear contarle todo lo que hay en nuestros corazones. François Fenelon expresó bien esta idea en las siguientes palabras:

> Dígale a Dios todo lo que hay en su corazón como quien se desahoga contando sus alegrías y tristezas a un querido amigo. Cuéntele sus problemas para que le consuele; cuéntele sus alegrías para que las modere; cuéntele sus anhelos para que los purifique; cuéntele sus aversiones para que le ayude a conquistarlas; háblele de sus tentaciones para que le escude de ellas; muéstrele las heridas de su corazón para que las sane... Cuéntele cómo su amor propio le hace tratar injustamente a otros, cómo la vanidad le tienta a ser insincero, cómo el orgullo le enmascara ante usted y otros.

En otras palabras, dígale a Dios todo, lo bueno y lo malo, en actitud de franqueza y espontaneidad.

La espontaneidad en la oración requiere el deseo de abandonar su propia agenda para adoptar la de Dios. Significa ser flexible, buscando oportunidades sin importar lo que se pueda presentar. Los mejores tiempos de oración que he experimentado orando o sin orar han sido aquellos cuando he deseado hacer algo espontáneo en situaciones que de otra manera podrían haber sido aburridos o negativos. Por ejemplo, me gusta observar los juegos de béisbol y por muchos años he comprado boletos para la temporada completa cuando jugaban los Padres de San Diego. Hace unos años fui a un juego durante una temporada en que los Padres estaban jugando muy mal. Y ese juego era típico de esa temporada. En la cuarta entrada el equipo estaba perdiendo a ocho por nueve carreras. Todos los jugadores se estaban desmoralizando. Aun cuando la gran estrella Tony Gwynn salió a batear, la gente apenas le prestó atención cuando generalmente recibe una gran ovación cada vez que mencionan su nombre por los altoparlantes.

Sentado allí en un mar de gente triste, se me ocurrió una idea. Cuando el vendedor ambulante pasó de nuevo, compré bolsas de palomitas de maíz para cada persona de mi sección. Agarré un puñado de bolsas y comencé a tirarlos a la gente. A todos les encantó. El espíritu se les levantó, se desarrolló un ambiente de camaradería y todos comenzaron a entrar en calor. Los Padres no mejoraron mucho después de todo, pero nosotros sí. La nuestra se convirtió en el área más animada del estadio.

La espontaneidad y la creatividad en la oración van tomadas de la mano. Algunas veces la creatividad ayuda a planear períodos especiales de oración, tales como un día a solas con Dios en el que puede ir a un lugar favorito como la terraza de un hotel, a pasar un día en oración y alabanza. Otras veces la creatividad le puede ayudar en sus arreglos de oración diarios. Fred Rowe es un compañero de oración y amigo que mantiene una agenda muy ocupada. Es siquiatra y tiene una familia con tres hijos pequeños. Tiene que usar su creatividad para poder disponer de un período de oración cada mañana. Por lo general, se levanta a las cuatro y media de la madrugada y sale a manejar. Esa hora que pasa en el carro manejando es tranquila. Mientras maneja, alaba y ora a Dios permitiéndole que dicte su orden del día.

He experimentado muchas bendiciones de Dios debido a mi deseo de ser espontáneo. Probablemente los mejores han sido mis períodos de oración matutinos. Desde 1972 pocas veces ha pasado una semana sin que haya despertado al menos una vez entre las dos y las tres de la mañana. Cada vez que sucede, si no puedo volver a dormirme en quince minutos, doy por sentado que Dios tiene algo que decirme. Me levanto de la cama y bajo a mi oficina; tomo una pluma, una libreta de notas y la Biblia. Paso las horas siguientes de la noche con Él. Algunas veces cuando me siento a orar, escucho muy poco. Otras veces me habla tan de prisa a través de mis ideas que apenas puedo escribirlas con la debida rapidez.

Una noche cuando me encontraba en Atlanta para dar una conferencia, Dios me despertó en el cuarto del hotel. No pude volver a dormir, así es que me levanté, agarré mi libreta de notas y comencé a orar. Dios solo me dio dos palabras en toda la noche: «Dirige e intercede». Eso fue todo. Me recordó las dos responsabilidades sobre las que quería que me concentrara como pastor.

Que lo despierten a uno en las primeras horas de la mañana no es muy conveniente, y a la puesta del sol no es siempre la mejor hora para orar. Sin embargo, algunas de las mejores cosas que he experimentado en la vida y las mejores ideas que se me han ocurrido han venido en esos períodos espontáneos en que he estado a solas con Dios a medianoche.

## 2. Sea específico

La segunda actitud que debe adoptar en cuanto a la oración es el deseo de ser franco y específico con Dios. Jesús nos advierte en Mateo 6.7: «Y orando, no uséis vanas repeticiones, como los gentiles, que piensan que por su palabrería serán oídos». Lo que cuenta para Dios no es el número de palabras que diga ni cuán elocuentes sean. Lo importante para Él es la sinceridad de nuestras palabras. Lo que hay en nuestro corazón da credibilidad a nuestras voces.

Recientemente leí un artículo que salió de la Asociación de Secretaría Legal de Colorado que muestra cómo se puede tergiversar un mensaje sencillo con palabras innecesarias. Contenía una versión de una línea del Padrenuestro, parafraseada como si la hubiera escrito un abogado:

> Respetuosamente pedimos, solicitamos, rogamos que se haga la debida y adecuada provisión en la fecha y día que se menciona más arriba para satisfacer los requisitos nutritivos del peticionario y se organicen tales métodos de asignación y distribución como se estimen necesarios y propios para asegurar la recepción por dicho peticionario y para dicho peticionario de tal cuantía de productos de cereales que en lo sucesivo se llamará «pan», lo que a juicio del peticionario, constituye una cantidad suficiente.

En otras palabras, este mensaje de setenta y siete palabras equivale a «El pan nuestro de cada día dánoslo hoy», es más largo que el Padrenuestro completo, que consta de setenta y una palabras.

Las formas de comunicación más eficaces son breves y van al grano. Por ejemplo, considere algunas de las más grandes obras de la historia de nuestra nación. El Discurso de Gettysburg, una de ellas, solo cuenta con doscientas noventa y siete palabras y se considera uno de los más grandes discursos jamás pronunciados en inglés. La Declaración de Independencia, el documento usado por el país en ciernes de Estados Unidos para cortar sus nexos con la poderosa Gran Bretaña, solo consta de trescientas palabras. Contrástelo con una orden gubernamental que estableció el precio de la col, ¡la que se dice que constaba de veintiséis mil novecientas once palabras!

Además de ser francos con Dios, también debemos ser tan específicos como podamos. ¿Cuántas veces no habrá orado de esta manera: «Dios, bendice a Estados Unidos, bendice nuestra iglesia, bendice nuestros misioneros», o sencillamente: «Dios, sé con nosotros»?

La oración específica tiene poder. Recuerde, Jesús dice que recibirá lo que pida en su nombre (Juan 16.23-24). Así pues, déle una hojeada a algunas muestras de cómo puede orar con más eficacia.

| *En lugar de orar así:* | *Ore así:* |
|---|---|
| Dios mío, salva mi país. | Salva a mi vecino Robertico y condúcelo a los pies de Cristo. |
| Dios mío, ayúdame a hacer bien las tareas de la escuela. | Ayúdame a estudiar bien para sacar nota de sobresaliente en mi próximo examen. |
| Dios mío, bendice a mi pastor. | Unge a mi pastor al predicar salvación este domingo. |
| Dios mío, enseña a las personas a amarse unas a otras. | Ayúdame a amar a mi esposa y permite que se sienta amada. |
| Dios mío, sé con nosotros. | Enséñame cuál es tu voluntad en este asunto y ayúdame a obedecerte. |

Ser específico en la oración tiene otro beneficio. Cuando Dios nos da una respuesta, lo sabemos. Podemos saber cuando nuestro vecino se salva; podemos ver personas que vienen a Cristo durante el sermón del domingo; podemos preguntarles a nuestros cónyuges si nuestra manera de actuar les hace sentir que les amamos. Y no solo eso, sino que cuando le pedimos a Dios que se involucre en nuestras vidas de una manera específica, esto le da la oportunidad de decirnos los aspectos en los que podemos cambiar. Mientras más específicos seamos en nuestras peticiones, más alertas estaremos para cuando vengan las respuestas y más específicos podremos ser luego en nuestras alabanzas.

## 3. PIDA como es debido

Parte de unas buenas relaciones radica en la sensibilidad hacia las demás personas y sus necesidades. En nuestra relación con Dios, obviamente Él ya conoce nuestras necesidades. Jesús dijo en Mateo 6.8: «Vuestro Padre sabe de qué cosas tenéis necesidad, antes que vosotros le pidáis». Pero, ¿hasta qué punto sabemos lo que Dios quiere para nosotros? Es una ironía que sepamos menos acerca de nosotros mismos que Dios. Ford Philpot dijo: «Muchos de nosotros queremos lo que no necesitamos y necesitamos lo que no queremos».

Tenemos que aprender a ponernos a disposición de la agenda de Dios. A menudo nos empeñamos en la nuestra, ciegos a lo que Dios tiene para nosotros. Muchas veces Dios, en su misericordia, retiene sus respuestas a nuestras oraciones hasta que acudamos a Él con la petición buena. Ruth Graham, la esposa del evangelista Billy Graham, una vez dijo: «Dios no siempre ha respondido mis oraciones. Si lo hubiera hecho, me habría casado con el hombre inadecuado varias veces».

Dios tiene muchas cosas increíbles y maravillosas para nosotros si tan solo las pedimos. Pero si no las pedimos, ¿cómo puede entonces dárnoslas (Santiago 4.2)? Alguien dijo una vez: «En el cielo hay una habitación repleta de cosas que nos sorprenderán al verlas cuando lleguemos allí. En ella hay grandes cajas muy bien empaquetadas con lazos encantadores y nuestros nombres escritos encima de ellas. Son cosas que nunca se enviaron a la tierra porque no se pidieron».

¿Cómo aprendemos a pedir como es debido? Jesús dijo: «Pedid, y se os dará; buscad y hallaréis; llamad y se os abrirá. Porque todo aquel que pide, recibe; y el que busca, halla; y al que llama, se le abrirá (Mateo 7.7-8)».

Estas palabras (pedid, buscad y llamad) me sirven de recordatorio de cómo orar a Dios de la manera que a Él le agrada. Creo que de la misma manera que me ha ayudado a mí también la ayuda será para usted:

**PEDID:** Cuando nos acercamos a Dios y le pedimos algo, esto implica que tenemos una necesidad que queremos que se satisfaga. De modo que, si queremos pedirle lo que es bueno, primero deberíamos examinar nuestras necesidades. Si son genuinas y están de acuerdo con la voluntad de Dios, podemos pedir con motivos puros y esto es crucial para lograr que sean contestadas (Santiago 4.3).

Mientras se prepara para acercarse a Dios y pedirle algo, responda las siguientes preguntas. Le ayudarán a examinar sus necesidades y dirigir mejor sus peticiones:

1. ¿Es mi petición buena y útil para todo a quien atañe?
2. ¿Está mi petición de acuerdo con la voluntad de Dios?
3. ¿Armonizará con mis dones?
4. ¿Me acercará más a Dios?
5. ¿Qué parte me toca hacer para lograr su respuesta?

Si puede examinarse a sí mismo y a sus peticiones sinceramente, esto le da libertad a Dios para obrar en usted cuando sus peticiones no son puras y para responderlas cuando sí lo son.

**BUSCAD:** Cuando la gente busca, como Jesús nos manda a hacer, pide sin hacer un esfuerzo. La búsqueda implica que Él espera que hagamos nuestra parte, aun cuando le pedimos que haga la suya. Así pues, cuando Jesús nos manda a orar diciendo: «El pan nuestro de cada día, dánoslo hoy», no quiere decir que vamos a sentarnos y esperar que Dios nos mande el maná del cielo. Después de todo, las Escrituras dicen que el que no trabaja, tampoco coma (2 Tesalonicenses 3.10). Lo que Jesús quiere decir es: «Danos la oportunidad de ganar nuestro pan». Dios no provee para los haraganes.

La oración sin acción es presunción. Cuando oramos, debemos hacer nuestra propia inversión, tal como Jesús nos enseñó en la parábola de los talentos. El resultado es nuestra remuneración y Dios accede en darnos aun más, como dice en Mateo 25.29: «Porque al que tiene, le será dado, y tendrá más; y al que no tiene, aun lo que tiene le será quitado».

Hay un refrán que probablemente haya oído alguna vez: «El que ora y ora, pero no actúa en lo que sabe, es como el que planea y planea, pero nunca siembra». Veo que esto es cierto. Dios no hará lo que solo Él puede hacer hasta que no hagamos todo lo que podemos hacer. Luego, cuando oramos, debemos estar listos para hacer nuestra parte.

**LLAMAD:** Cuando Jesús nos manda a llamar nos pide que seamos persistentes. La Versión Amplificada [en inglés] aclara de esta manera el pasaje de Mateo 7.7-8: «Continúen pidiendo y se les dará; continúen buscando y hallarán; continúen llamando [reverentemente] y la puerta se les abrirá. Porque cualquiera que siga pidiendo, recibirá, y el que sigue buscando, hallará, y a quien siga llamando, la puerta se le abrirá».

Cierta vez me visitó una dama de mi congregación. Hacía dos meses que le pedía a Dios que llevara a su hermano inconverso a los pies de Cristo y cada vez se impacientaba más porque este no le había aceptado aún.

«Pastor», preguntó, «¿por cuánto tiempo más debo seguir orando?»

«Hasta que venga la respuesta», contesté.

Eso es lo que Dios quiere de nosotros. Cuando nuestras oraciones no hallan respuesta, Él quiere que continuemos orando hasta que esta venga o Él cambie nuestra petición. Y siempre sucede así. O viene la respuesta o Dios cambia nuestro corazón y nuestra petición. Por ejemplo, vea el caso de Abraham y Sara en el Antiguo Testamento. Oraron por un hijo y Dios respondió su petición, aunque décadas más tarde de lo esperado. Pero Dios contestó. Y en el caso de Pablo, ¿recuerda cómo oró una y otra vez para que Dios le quitara su «aguijón en la carne»? Después de orar por tercera vez Dios le dijo: «Bástate mi gracia; porque mi poder se perfecciona en la debilidad» (2 Corintios 12.9). Fue entonces cuando Pablo se dio cuenta de que el aguijón estaba allí por una razón, y entonces cambió su perspectiva en la oración. Alineó su voluntad con la de Dios y aprendió a contentarse.

En mis primeros años como pastor principal de la iglesia wesleyana Skyline en San Diego, California, esta comenzó a crecer de manera considerable. Obviamente comprendí que en poco tiempo íbamos a necesitar un local más grande. Puesto que no podíamos optar por ampliar la propiedad en ese momento, eso significaba que teníamos que conseguir un nuevo local.

Cuando fui pastor en Indiana y tuvimos un problema similar, me reuní con la junta administrativa, desarrollamos una estrategia y nos lanzamos. En un par de días conseguimos que alguien donara un terreno, otra persona que contribuyera con materiales de construcción y nos dispusimos a edificar. Pero en el sur de California las cosas son distintas. La tierra es muy cara y difícil de conseguir. Así es que me reuní con la junta, formamos un comité de relocalización y comenzaron a buscar algún terreno.

Después de muchos meses de búsqueda, encontraron una parcela que parecía perfecta para nosotros: doce hectáreas por dos millones de dólares, lo cual es un buen precio en San Diego. Allá en Indiana podíamos haber comprado la mitad del condado por ese precio. Y estábamos contentos con el local también. Pero antes de tomar una decisión, llevé a mis compañeros de oración allí un sábado para caminar y orar por el terreno. Poco después de haber estado orando sentimos por unanimidad que ese no era el lugar que Dios quería para nuestra iglesia. De modo que dejamos pasar la oportunidad de comprarlo y continuamos orando con la convicción de que Dios tuvo razones para negárnoslo.

Unos meses más tarde Dios nos abrió las puertas hacia otra parcela de terreno. Tenía treinta y dos hectáreas y estaba situada junto a la autopista cerca de una nueva interconexíon de la misma en cuya área vivían cientos de familias jóvenes carentes de una iglesia a la cual asistir. Terminamos comprando el terreno por un millón ochocientos mil dólares, menos de lo que hubiéramos pagado por la parcela de doce hectáreas. Y además de todo eso, a través de una serie de milagros, Skyline terminó con cuarenta y ocho hectáreas de terreno en lugar de treinta y dos por el mismo precio.

Dios honró nuestra persistencia y bendijo grandemente nuestra obediencia. Y hará lo mismo por usted. Cuando ore, no se dé por vencido. Mantenga una actitud positiva y continúe pidiendo, buscando y llamando.

## 4. Ore de todo corazón

¿Ha tratado alguna vez de mantener una conversación con un pequeñín? Mientras trata de hablarle, se imagina que ese es el momento de pasar un buen rato jugando con alguno de sus juguetes, de perseguir al gato o de buscar el pedazo de queso que quedó trabado entre los cojines del sofá la noche anterior. Es realmente difícil mantener su atención por más de dos minutos.

Probablemente es así como Dios se siente cuando está tratando de comunicarse con nosotros. Muchas personas oran un minuto aquí o allá durante sus días ocupados prestándole atención solo por un momento. Orar durante el día es bueno, pero también necesitamos apartar algún tiempo diario en que podamos concentrarnos en Él y prestarle toda nuestra atención. El problema es que aun entonces nos es difícil concentrar nuestra atención en Él. Es la llamada guerra de los pensamientos divagantes. Al orar pensamos en la lista de los mandados; el perro o los niños nos distraen; o nos damos cuenta de que el cuarto necesita una limpieza. Resulta ser que somos tan inquietos como los parvulitos cuando de prestar atención a Dios se trata.

Hablando con franqueza, la mayoría de las personas batallan con este problema. El nuestro es un mundo de distracciones, muchas de ellas tratan de dividir nuestra atención. Sin embargo, es una batalla que debemos continuar librando. Cuando nos acercamos a Dios, debemos pugnar por darle todo nuestro corazón, no solo parte del mismo. Dios no responde las oraciones de quienes tienen doble ánimo (Santiago 1.8).

Parte de la solución está en acercarnos a orar con una buena actitud y con el deseo de darle a Dios toda nuestra atención, tal como Jesús lo sugiere en Mateo 6.6. Sin embargo, también hay medios y técnicas que nos pueden ayudar a mantener la concentración:

**ORE EN ALTA VOZ:** Para algunas personas la mayor distracción les viene al pensar en las cosas que necesitan hacer ese día. A fin de resolver ese problema, al orar mantenga papel y lápiz a mano y anote cada tarea según vienen a su mente, y entonces olvídelo hasta más tarde. Y si aun así no puede evitar seguir pensando en ellas, llévelas a Dios en oración. Las distracciones son cosas que necesita o quitarlas del camino al hablar con Dios o llevárselas a Él en oración.

**LLEVE UN DIARIO:** El diario es también un buen recurso porque mantiene la mente concentrada en la tarea que está a mano. Hay docenas de maneras útiles entre las cuales alguna le puede ayudar: Puede escribir oraciones y bosquejarlas, o anotar pensamientos clave y versículos bíblicos. Use lo que le dé mejor resultado.

El valor adicional de llevar un diario es que brinda constancia de oraciones contestadas e indica asuntos en los que puede recurrir una y otra vez durante su vida. Como Douglas J. Rumford dijo en *The Value of a Personal Journal* [El valor de un diario personal]: «Al aprender a confiar en nuestras ideas, un poder creativo genera ímpetu: las ideas comienzan a surgir en nuestra conciencia. Con frecuencia se plantan las semillas de sermones o de ciertas acciones cuando surcamos la tierra con un diario».

Una vez escuché una cita que describe bien la condición de la vida de oración de muchos cristianos. François Fenelon dijo en su libro *Christian Perfection* [Perfección cristiana]: «Muchos cristianos oran como niños pequeños que tocan en las puertas y luego se van corriendo». No poder darle todo el corazón a Dios es un serio obstáculo para desarrollar un fuerte vínculo con Él. De la misma manera en que la luna no se puede reflejar sobre un mar agitado, Dios no puede reflejarse en una mente inquieta. Sin embargo, dedicando regularmente un tiempo a Dios en el que puede concentrarse en oración prestándole toda atención debida, incrementará sus relaciones con Él de una manera poderosa. Esa es la diferencia entre salir corriendo después de tocar las puertas y entrar para conocer a Dios. Esto último es lo que cambia su vida.

## 5. Ore sin cesar

Cuando haya aprendido a orar con todo el corazón, la oración comenzará a inundar más su vida. En 1 Tesalonicenses 5.17 Pablo le dice a los creyentes: «Orad sin cesar». Y con eso quiere decir que debemos mantener una casi continua conversación con Dios durante todo el día, similar a la respiración, constante y vivificante. Una vez que sus relaciones con Dios comiencen a profundizarse, esto se hace más fácil.

A medida que crecía, de mi padre aprendía a orar continuamente (que también se llama orar sin cesar). Mi padre siempre desempeñó un papel modelo para mí. Para él orar era tan natural como respirar o hablarle a mi mamá. Siempre parecía estar hablando al caminar por la casa. Pero no hablaba consigo mismo, sino con Dios. Algunas veces, cuando viajábamos en el auto, iniciaba una conversación con Dios. Papá me enseñó a alabarle cuando algo bueno sucedía; a preguntarle cuando estaba confundido; a clamar a Él cuando me sentía lastimado; y a darle gracias cuando me bendecía. Y cada vez que teníamos que tomar una decisión, sus primeras palabras eran: «Detengámonos por un momento y oremos por ese asunto». Papá y mamá me enseñaron que los cristianos más eficaces y satisfechos son los que adoptan la oración como parte de su estilo de vida.

Desarrollar fuertes vínculos con Dios no es algo que sucede de la noche a la mañana, pero puede suceder si una persona la acomete con una buena actitud y el deseo de ofrecerle todo el tiempo y la energía requerida. Aristóteles dijo: «El deseo de ser amigos es tarea ligera, pero la amistad es como una fruta que demora en madurar».

Pero, ¿qué no sería mejor en esta vida y en la eternidad sino el desarrollo de una buena relación con el Padre amante y perfecto que quiere que le conozcamos y crezcamos hasta llegar a ser el tipo de persona que tuvo en mente cuando nos creó? Sostengo que nada puede compararse a todo esto y la única manera de hacer que suceda es a través de la oración.

# PREGUNTAS DE DISCUSIÓN

1.  ¿Con cuál de sus familiares mantenía mejores relaciones en su crianza?

2.  ¿Cuáles considera que son las cualidades más importantes en el desarrollo de una creciente relación positiva?

3.  Comente sobre ideas para hacer cosas que mejoren una estrecha relación y le ayude a crecer. Incluya las que actualmente esté haciendo para desarrollar sus relaciones con su cónyuge, hijo o alguna amistad cercana. ¿Puede alguna de esas cosas usarse para mejorar sus relaciones con Dios?

4.  ¿Cúal de estas cosas es la más difícil cuando ora?
    a.  ser espontáneo
    b.  ser específico
    c.  pedir como es debido (pedid, buscad, llamad)
    d.  orar de todo corazón
    e.  orar sin cesar

5.  Identifique algo que puede comenzar a hacer de inmediato que le pueda ayudar en el aspecto más difícil de su oración. Divídanse en grupos de dos o tres y oren unos por otros sobre estos aspectos.

# 3

# DESARROLLE TÉCNICAS PRÁCTICAS DE ORACIÓN

*Pero los que esperan en el Señor renovarán sus fuerzas.*
*Ascenderán con alas como de águilas; correrán y no se*
*cansarán; caminarán y no se fatigarán.*
*Isaías 40.31 (La Biblia al día)*

Un año antes de aceptar el llamado a predicar, a los diecisiete, me matriculé en la universidad bíblica en Circleville a fin de prepararme para el ministerio. Mi experiencia allí fue muy positiva. Aprendí mucho, hice nuevas amistades, comencé a predicar por primera vez y participé de muchas actividades. Sin embargo, una de las cosas más importantes que aprendí fue a tener un período devocional profundo con Dios. Fue algo que no me enseñaron en la escuela; lo aprendí dedicando una hora en oración con Dios cada día. Y desde entonces mi vida ha cambiado.

Al terminar mis clases al mediodía, almorzaba con mis amigos en la cafetería. Pero cada día a la una de la tarde los dejaba, tomaba mi Biblia y una libreta de notas y atravesaba el local. Mi destino era un viejo edificio de bloques que se encontraba en un campo abierto al fondo de la universidad. Creo que anteriormente pudo haber sido un cobertizo, pero parecía estar en desuso desde hace una docena de años.

El trayecto desde la cafetería hacia el viejo edificio no llegaba a medio kilómetro, pero algunos días parecía más largo porque no podía llegar con la debida rapidez. Mi espíritu se elevaba al anticipar el tiempo que iba a estar con Dios para conocerle y estar cerca de Él en oración. Durante cuatro años me encontré con Dios allí todos los días.

Dos semanas después de graduarme en la universidad, Margaret y yo nos casamos. Y dos semanas más tarde comencé mi pastorado en una pequeña iglesia en Hillham, Indiana. Nos mudamos a una casa reducida que estaba en una pequeña finca de casi dos hectáreas de terreno. Después de mudarnos, lo primero que hice fue buscar un lugar donde poder ir a orar. E inmediatamente lo encontré.

Era una inmensa roca dentro de la arboleda al fondo de nuestra casa. Solía subir a gatas hasta la cima de aquella roca y pasar tiempos increíbles con Dios allí.

Cuando ahora recuerdo la etapa en que aprendí a estar una hora a solas con Dios, puedo decir con toda sinceridad que fue cuando más crecí espiritualmente. Como es natural, ahora sigo creciendo y el período que paso con Dios es profundo y vivificante. Sin embargo, en aquellos días sentía que Dios me cambiaba con rapidez al ayudarme a desarrollar mi personalidad conforme a su voluntad. Y fue entonces cuando comenzó a usarme en la obra de su Reino.

Dios puede hacer lo mismo con usted. No piense que tiene que comenzar dedicándole una hora cada día, aunque esta es una meta digna. Lo más importante es que sea constante al dedicar una buena porción de tiempo todos los días. Y cuando lo haga, en vez de proyectarse hacia el domingo como el día en que se va a poner al día con Dios al reencontrarse con Él, ese tiempo de adoración en el templo será como el merengue sobre el cake, porque para ese entonces ya habrá estado con Él durante toda la semana, hablándole y conociéndole, creciendo y desarrollándose.

# UNA BOLSA CON COMIDA O UN BANQUETE

La diferencia entre lanzar rápidamente unas cuantas oraciones cuando tiene el momento y emplear un tiempo devocional de calidad con Dios es como la que existe entre comprar comida rápida y comer en un buen restaurante. En el caso de la comida rápida llega manejando, grita por un micrófono y gira el carro hacia la ventanilla donde le lanzan una bolsa con alimentos. Pero en un buen restaurante usted se sienta, pasa un buen rato en conversación agradable con su acompañante de mesa, se alimenta y refresca. Es una experiencia reconfortante para el cuerpo, la mente y el alma.

Muchos cristianos solo han recibido comida rápida en sus vidas en el aspecto espiritual; nunca han tenido la experiencia del banquete que Dios tiene para ellas. He descubierto que hay dos razones principales por las que las personas se pierden los estupendos períodos de oración con Dios:

**1. FALTA DE DESEO:** Para establecer la costumbre regular de tener un período devocional, tiene que desearlo de veras. Muchos se quejan de no tener suficiente tiempo, pero si han de ser sinceros con ellos mismos, deben darse cuenta de que uno halla el tiempo para lo que le interesa. Si realmente quiere tener tiempo para orar, tiene que dejar a un lado otras cosas y hacerlo.

Si la falta de deseo es lo que le impide el desarrollo de un período de profunda comunión con Dios, deje de hacer lo que está haciendo y ore por eso *ahora mismo*. Si le pide a Dios que le dé el deseo, Él se lo dará.

**2. FALTA DE ESTRATEGIA PRÁCTICA PARA ORAR DIARIAMENTE:** La idea de dedicar un largo período con Dios todos los días es intimidante para muchas personas.

Cuando se habla de ver la televisión por una hora, no parece ser mucho tiempo. Pero si le pide a alguien que no está acostumbrado a orar que le dedique una hora en oración a Dios, esos sesenta minutos les parecen como una vida entera. Sin embargo, si se aborda el tiempo diario para este fin con una buena estrategia, podrá llegar a desarrollar un excelente período devocional que no solo es reconfortante, sino que transforma la vida.

# PLAN PARA UN DEVOCIONAL DIARIO

Hay diversas maneras de acercarnos a Dios en nuestro tiempo devocional, todas buenas. Pero como todos somos diferentes, es posible que la que a unas personas les dé resultado, a otras no. No obstante, tiene que comenzar por alguna parte. Los siguientes diez pasos son los que he desarrollado en mis devocionales a través de los años. Sin duda alguna constituyen el mejor método de oración para mí y espero que le dé resultado a usted también.

**Sea cual fuere el plan de estructura para su devocional, le daré un consejo.** He observado que hay tres maneras en que las personas entran a la presencia de Dios: a través de la oración, la lectura de la Biblia y la adoración. Pero todo el mundo difiere en cuanto a cuál es la mejor para ellos. Descubra cuál le acerca a Dios con más rapidez y facilidad y siempre comience su devocional así.

## 1. Tiempo de preparación

Para poder tener un buen período devocional necesita prepararse al principio, física, mental y emocionalmente. La preparación física es la más fácil. Búsquese un lugar cómodo donde no se distraiga. Lleve consigo cualquier recurso que pueda necesitar. Siempre tengo a mano mi Biblia, una libreta de notas, una pluma, un himnario y, siempre que sea posible, fotografías de las personas por las que voy a orar. Conozco a algunos que llevan una casetera para oír música de adoración. Otros escriben en sus computadoras. Haga lo que le resulte mejor. Al menos querrá llevar una Biblia y algo sobre lo cual escribir.

Una vez localizado el lugar idóneo y obtenido el material, acomódese. Haga lo que le sea más natural. Si le gusta sentarse, siéntese. Si se siente más cómodo caminando, pues hágalo. Si prefiere arrodillarse, eso es estupendo. O tal vez quiera moverse según su estado de ánimo o según Dios le vaya hablando. La mayoría de las veces me siento, pero cuando de verdad me emociono, camino. La idea principal es que esté listo para encontrarse con Dios.

Una vez que esté establecido, prepárese mental, emocional y espiritualmente concentrándose en Dios. Algunas personas se allegan a Dios como si se sentaran a la mesa de negociaciones, pero eso no es bueno. Comience declarando su intención de obedecerle en cualquier cosa que le pida. Preparar el corazón como es debido le alista para todo lo que vendrá después. Comience pidiéndole ayuda para que ese tiempo sea provechoso y después deje que le hable.

Ese es el momento en que debe comenzar su devocional con la oración, la adoración o la lectura de la Biblia. Todo depende de lo que le resulte mejor. Sea cual fuere lo primero que haga, esté seguro de no ser el único que hable. Deje suficiente tiempo en silencio en los que Dios le pueda hablar. Recuerde, su objetivo es llegar hasta Dios y escuchar lo que tiene que decirle.

## 2. Tiempo de espera

Isaías 40.31 tiene una maravillosa promesa para quienes esperan en Dios. Dice así: «Pero los que esperan en el Señor renovarán sus fuerzas. Ascenderán con alas como de águilas; correrán y no se cansarán; caminarán y no se fatigarán» (*La Biblia al día*). Dios honra a quienes esperan en Él. La mayoría de las personas emplean mucho tiempo en oración hablando y no escuchan lo suficiente. Hablan tanto que se pierden la mejor parte de su tiempo de oración personal.

Por regla general trato de emplear alrededor de veinte por ciento de mi tiempo hablando y ochenta por ciento escuchando. Pero espero activamente. La palabra *esperar* en el pasaje de Isaías significa esperar con expectación; es activa, no pasiva. Cuando esperamos en Dios, debemos escuchar con la esperanza de que nos hablará de manera significativa.

Al esperar en Dios permítale hacer tres cosas:

- **PERMITA QUE DIOS LE AME:** Dios siempre espera para decirle que le ama, cada minuto, cada día. Esto es así porque usted tiene un gran valor para Él gracias a Jesucristo. Al dejar que Dios le ame, le permite que desarrolle su autoestima en el aspecto espiritual. Concédase la oportunidad de sentarse mentalmente en el regazo de Jesús o llorar sobre su hombro, y deje que su amor incondicional toque su corazón.
- **PERMITA QUE DIOS LE BUSQUE:** Una vez que sepa que Dios le ama y que le seguirá amando a pesar de todo lo que haya hecho, podrá permitir que le busque. Esto al principio quizás le sea difícil, pero es crucial para el desarrollo de su relación con Él.
- **PERMITA QUE DIOS LE MUESTRE:** Dios le preparará para el día que comienza si se lo permite. La mejor manera de hacerlo es entregarle el día durante su tiempo de espera. Entonces podrá mostrarle lo que hay en su corazón, de cómo cuida de su pueblo y quiere ministrarles. Y cuando conozca los sentimientos de Dios, podrá mostrarlo a otros.

Quizás le resulte difícil esperar y escuchar. Son cosas que la mayoría de las personas no hacen bien hoy día porque vivimos en una sociedad de lo instantáneo. Sin embargo, usted puede aprender a hacerlas si persevera. Y la recompensa es increíble; cuando preste atención a la voz de Dios finalmente la escuchará.

## 3. Tiempo de confesión

El pecado inconfeso bloquea las respuestas a las oraciones. Pero un buen período de espera sincero nos guía con naturalidad hacia la confesión ante Dios. Si deja que le busque, Él le indicará lo que necesita confesar. Y al hacerlo, una vez más restaurará su relación con Él (discuto más al respecto en el próximo capítulo).

He aquí cinco aspectos a tener en mente en cuanto a la confesión:

- **CONFIESE EL PECADO INMEDIATAMENTE:** El pecado inconfeso pone un obstáculo entre Dios y nosotros; de modo que cuanto antes lo confesemos, mejor. Cuando peque, confiéselo tan pronto como sea posible. No espere al domingo ni a su próximo período de oración. Hágalo en ese momento y allí donde está.

  Aprendí esta lección a los diecisiete años de edad. Tres días antes de rededicar mi vida a Cristo estaba en una práctica de baloncesto cuando fui a dar un rebote y me caí sobre el pie de otro jugador. Sentí que el tobillo se me torció y traqueó. Al caer a tierra dije una grosería usando el nombre de Dios.

  Ya había contado a todos en el equipo que me había consagrado a Dios y había comenzado a testificarles. Cuando Chet Irey, un jugador, oyó lo que dije, se volvió a mí y dijo: «John, pensé que eras cristiano. ¿Cómo es que hablas así?»

  Me sentí terriblemente mal al darme cuenta de que había cometido un tremendo error. Cuando me pusieron en una camilla y colocaron hielo sobre mi tobillo, allí mismo y en ese momento oré pidiendo perdón a Dios.

- **NUNCA PERMITA QUE SU POSICIÓN LE IMPIDA CONFESAR SU PECADO:** No importa quién sea, ni qué posición tenga en la iglesia, usted no está exento de la necesidad de confesar su pecados y orar

pidiendo perdón. Si acaso cree que lo está, lo cierto es
que tiene un gran problema.

- **DIOS NUNCA SE SORPRENDE POR LO QUE
  HACEMOS, ASÍ QUE SEA SINCERO:** No puede
  ocultarle nada a Dios; tampoco puede herirle en sus
  sentimientos contándole sus errores, así es que séale
  sincero. Si no lo.es, solo se engaña sí mismo a la vez que
  obstaculiza su relación con Él.

- **DIOS SIEMPRE NOS DIRÁ SI HACEMOS
  ALGO MAL:** Si tenemos el genuino deseo de confesar
  nuestros pecados y pedirle perdón, Dios siempre nos
  dirá si hacemos algo mal. Ningún cristiano sincero tiene
  que preocuparse jamás por los pecados desconocidos de
  su vida.

- **CUANDO EL PECADO SE TOLERA, AUMEN-
  TA:** Toda vez que no buscamos el perdón y permitimos
  que el pecado permanezca en nuestra vida, este aumenta
  y continúa haciendo daño. El pecado que se deja sin
  examinar por mucho tiempo finalmente nos consume.

La confesión tiene maravillosos beneficios. Despeja el ambiente
con Dios y le permite comunicarse con Él sin obstáculo alguno.

## 4. Tiempo para la Biblia

Una vez leí una historia en *The Employment Counselor* [El
consejero de empleo] en la que un joven cristiano se preparaba
para viajar cuando su compañero de viaje entró en el cuarto para
ver cómo le iba en los preparativos.

—¿Terminaste de empacar? —le preguntó su amigo.

—Casi —dijo el joven—. Lo último que me falta es una
guía, una lámpara, un espejo, un microscopio, un volumen de
buena poesía, un par de biografías, un paquete de cartas viejas,
un libro de cantos, una espada, un martillo y una colección de
libros que he estado leyendo.

—¿Dónde vas a poner todas esas cosas? —preguntó de
nuevo su amigo.

—Aquí mismo —replicó el joven. Buscó su Biblia y la puso en la esquina de su maleta.

Leer la Biblia hará cosas asombrosas en su diario andar con Dios. Segunda de Timoteo dice: «Toda Escritura es inspirada por Dios, y útil para enseñar, para redargüir, para corregir, para instruir en justicia, a fin de que el hombre sea perfecto, enteramente preparado para toda buena obra». Cuando comencé a leer la Palabra de Dios con seriedad y a obedecer lo que enseña, eso me produjo una gran conmoción. Pero cuando comencé a *orar* según las Escrituras, fue entonces cuando la Palabra cobró vida para mí y mis oraciones obtuvieron nuevo poder porque oraba usando la Palabra de Dios, que es eterna (Salmo 119.89).

Por mucho tiempo di por sentado que la mayoría de los cristianos sabían orar sobre las Escrituras, pero descubrí mi error hace algunos años en un retiro de compañeros de oración. Ese año, al orar por mis compañeros de oración, una cosa que siempre hago, oré usando un pasaje de las Escrituras. El Espíritu Santo les tocó de una manera increíble y dijeron que ese fue uno de los tiempos de oración más poderosos que jamás habían experimentado. La mayoría nunca había hecho algo así anteriormente. Y fue entonces cuando decidí que necesitaba enseñarlo a mi junta administrativa y a todos en mi congregación.

Permítame enseñarle también cómo se ora sobre las Escrituras. Comience seleccionando un pasaje de la Biblia que le hable a su corazón sobre un asunto sobre el que quiere orar. Para orar por el pasaje solamente personalícelo mientras lo lee, aplicando su mensaje a usted mismo o a otra persona por la que está orando. Responda al pasaje mental, emocional y espiritualmente, y siéntase libre de detener la lectura y continuar orando según el Espíritu de Dios le inste a hacer.

Descubrirá que cambia su vida. Cada vez que pide a Dios en oración que se cumplan sus promesas, Él le bendecirá de una manera especial.

Le mostraré un ejemplo de cómo orar sobre la Escritura, que brota del mismo libro de Filipenses:

Regocijaos en el Señor siempre. Otra vez digo: ¡Regocijaos! Vuestra gentileza sea conocida de todos los hombres. El Señor está cerca. Por nada estéis afanosos, sino sean conocidas vuestras peticiones delante de Dios en toda oración y ruego, con acción de gracias. Y la paz de Dios, que sobrepasa todo entendimiento, guardará vuestros corazones y vuestros pensamientos en Cristo Jesús. (4.4-7)

Y este es el pasaje en forma de oración:

Padre Celestial, *me regocijo* en ti siempre. Diré de nuevo: *¡me regocijaré!* Eres un *Dios asombroso e increíble.* Te ruego que *mi* gentileza, *que viene del poder de tu Espíritu Santo,* sea conocida por todos. Señor, *sé que estás* cerca. *Me has prometido que nunca me dejarás ni me abandonarás. Por eso no estaré* ansioso por nada. *Estás en el trono y confiaré en ti. En* todo, *Señor,* mi oración y petición, con acción de gracias y *alabanza,* presentaré mi petición a ti. Y *Señor, pido* que tu paz, que sobrepasa todo entendimiento, guarde *mi* corazón y *mis* pensamientos en Cristo Jesús de los *afanes y ansiedades de este día. En el poderoso nombre de tu Hijo Jesucristo te lo ruego. Amén.*

Una vez que haya aprendido a orar sobre las Escrituras y lo convierta en parte de su devocional regular, se le hará difícil *no* orar así cada vez que lea su Biblia. Descubrirá que cuando un versículo le causa una fuerte impresión, detendrá su lectura y lo aplicará a usted y a otros. Es realmente transformador.

Enseñé a mi congregación a orar de esta manera en un sermón dominical. Ese fue uno de los cultos más conmovedores que he dirigido. Desde ese día salieron como nuevos. Usted puede hacerlo también. Si nunca antes ha orado sobre la Escritura, inténtelo. Se sorprenderá de ver cómo cambia y llena de poder su vida de oración.

## 5. Tiempo de meditación

Santiago advierte a los creyentes que no solo escuchen la Palabra de Dios, sino que también hagan lo que dice (Santiago 2.22). El paso que une la brecha entre la lectura y la acción es la meditación porque nos ayuda a comprender la Escritura y a ponerla en práctica en nuestras vidas. El Salmo 1.1-3 dice:

> Bienaventurado el varón que no anduvo en consejo de malos, ni estuvo en camino de pecadores, ni en silla de escarnecedores se ha sentado; sino que en la ley de Jehová está su delicia, y en su ley medita de día y de noche. Será como el árbol plantado junto a corrientes de aguas, que da su fruto en su tiempo, y su hoja no cae; y todo lo que hace, prosperará.

Meditar en la Palabra de Dios es simplemente pensar en ella con el deseo de descubrir su verdad y aplicarla a la vida. Por ejemplo, digamos que está leyendo Efesios 4.1, que dice: «Yo pues, preso en el Señor, os ruego que andéis como es digno de la vocación con que fuisteis llamados». Al comenzar a meditar sobre este versículo, podría comenzar a pensar acerca de su llamado y el propósito que Dios ha planeado para usted. Tal vez no esté seguro acerca de su propósito y esto lo motiva a preguntarle a Dios. O si ya sabe cuál es, podría comenzar examinando su vida para ver si está viviendo de una manera que Dios considere digna. El solo pensarlo le apremia a renovar su obediencia conforme a la visión de Dios. No puede decirse hacia dónde Él le conducirá una vez que comience a pensar en su Palabra y aplicarla a su vida.

La meditación es muy beneficiosa: Ayuda a examinar sus relaciones con Dios, a verse como es debido y a descubrir en qué punto del camino se encuentra en su jornada espiritual. Y, por supuesto, le ayuda a comprender mejor cómo obedecer. El proceso puede ser penoso o emocionante, pero siempre le acercará a Dios.

## 6. Tiempo de intercesión

La intercesión es orar por otros, y es una parte importante de un buen período devocional diario. En su primera carta a Timoteo, Pablo le da claras instrucciones de cómo debemos orar por otros. Dice:

> Exhorto ante todo, a que se hagan rogativas, oraciones, peticiones y acciones de gracias, por todos los hombres; por los reyes y por todos los que están en eminencia, para que vivamos quieta y reposadamente en toda piedad y honestidad. Porque esto es bueno y agradable delante de Dios nuestro Salvador, el cual quiere que todos los hombres sean salvos y vengan al conocimiento de la verdad. (2.1-4)

La oración intercesora obviamente agrada a Dios y se espera que sea parte de nuestra vida diaria. Además, nos ayuda a conocer los sentimientos de Dios.

Para mí la intercesión generalmente ha sido la parte más extensa de mi tiempo devocional con Dios. Como pastor, mis dos tareas primordiales han sido las de equipar a los fieles e interceder por las personas. Esa era una gran tarea para una congregación de tres mil personas. Pero para facilitar el proceso, solía orar visualmente por las personas. Siempre tenía mi directorio de los miembros a mano durante mis devocionales y miraba las fotografías de las familias por las que oraba. También tenía un sistema para las personas más nuevas. Periódicamente les pedía que dejaran que los ujieres y los encargados de saludar a las personas les tomaran fotografías instantáneas. Entonces les pedía que escribieran sus nombres en ellas, las perforaran y las insertaran en un inmenso llavero. Luego oraba por esas personas fotografiadas también.

La intercesión es una parte importante de nuestro tiempo devocional. No solo beneficia a otros y nos vincula a Dios, sino que nos ayuda. Como dice un proverbio judío: «A quien ora por su vecino, se le concederá su petición». Más aun, constituye el centro de la actividad de acompañar al pastor en oración. Y por eso hablaré con más detalles sobre este asunto en el capítulo cinco.

## 7. Tiempo de petición

Luego de emplear tiempo escuchando a Dios, confesando los pecados, leyendo y meditando en la Palabra y de pedirle que bendiga a otros, estará listo para pedirle a Dios que atienda a sus necesidades personales. Quiere que le presente todo a Él, todas sus necesidades físicas, emocionales y espirituales. Y quiere que lo haga con una buena actitud del corazón.

Al llevarle la lista de necesidades y deseos a Dios, tenga estas cosas en mente:

- **ORE CON LA ACTITUD DE «SEA HECHA TU VOLUNTAD»:** Cuando oramos por otros, nuestros motivos generalmente son buenos. Pero cuando oramos por nosotros, nuestras emociones y pensamientos complican la cuestión y nuestros motivos no son siempre puros. Pedir en oración «sea hecha tu voluntad» purifica nuestros motivos y ajusta nuestra voluntad a la de Dios.

  Orar pidiendo que se cumpla la voluntad de Dios no es una muestra de debilidad ni falta de fe. Cuando Jesús oró: «No se haga mi voluntad, sino la tuya», sometió su voluntad a la de Dios. Cada vez que *demandamos* cosas de Dios, solo mostramos inmadurez. Es irónico, pero quienes tienen madurez espiritual se acercan a Dios con la fe de un niño.

  En nuestras oraciones debemos pedir a Dios que nos ayude a hacer lo que Él bendice, no que bendiga lo que hacemos. Dios no está tan interesado en nuestras circunstancias como en nuestras actitudes. Cuando nuestra actitud es buena, nuestras oraciones concuerdan con su voluntad y finalmente nos beneficia, a menudo de muchas mejores maneras que aquellas que planeamos o imaginamos.

Esta oración, que se le atribuye a un soldado, lo expresa bien:

*Pedí a Dios fuerzas para obtener logros.*
*Obtuve debilidad para aprender a ser humilde y obedecer...*
*Pedí salud para poder hacer grandes cosas.*
*Obtuve enfermedad para poder hacer las cosas mejor...*
*Pedí riquezas para poder ser feliz.*
*Obtuve pobreza para poder ser sabio...*
*Pedí poder para obtener alabanza de los hombres.*
*Obtuve debilidad para poder necesitar de Dios...*
*Pedí todas las cosas para disfrutar la vida.*
*Obtuve vida para poder disfrutar de todas las cosas...*
*No obtuve nada de lo que pedí,*
*Sino todo lo que esperaba.*
*Aun a pesar de mí mismo, mis oraciones tácitas se contestaron.*
*¡Soy, entre todos los hombres, el más bendecido!*

- **SEA SINCERO CON SUS SENTIMIENTOS, PROBLEMAS Y NECESIDADES:** Aunque Dios ya sabe todo lo que necesita y siente, aun así quiere que vaya a Él y que lo haga con franqueza. No hay nada malo en expresar sus verdaderas emociones en la oración. A decir verdad, es apropiado porque profundiza nuestras relaciones con Dios. Él siempre nos encuentra donde estamos.

- **HÁBLELE A DIOS SOBRE LAS PEQUEÑAS COSAS QUE LE PREOCUPAN:** A menudo oigo a personas decir: «Solo le digo a Dios acerca de las cosas importantes. No quiero molestarlo con cosas triviales». Eso me divierte. ¿Puede pensar en algo de su vida que no sea pequeño comparado con Dios? Sin embargo, dice que sabe cuándo cae un pajarillo a tierra e incluso el número de cabellos que hay en nuestra cabeza (Mateo

10.29-30). Me pregunto con cuánta frecuencia nos perdemos lo que Dios tiene para nosotros solo porque tratamos de hacer las cosas pequeñas por nuestra cuenta. No se pierda lo que Dios tiene para usted al no contarle todo.

## 8. Tiempo de aplicación

El tiempo de aplicación es cuando escuchar y obedecer se unen en la acción. No hay mejor forma de demostrar nuestro amor a Dios que llevando a cabo con actitud obediente lo que nos pide que hagamos. Jesús dijo: «El que me ama, mi palabra guardará; y mi Padre le amará, y vendremos a Él, y haremos morada con Él. El que no me ama, no guarda mis palabras; y la palabra que habéis oído no es mía, sino del Padre que me envió» (Juan 14.23-24).

Algunas veces Dios pide de su pueblo cosas fuera de lo común y que constituyen un desafío a nuestro entendimiento. Por ejemplo, a Jeremías le pidió algo extraño. Jeremías estaba en la prisión de Jerusalén cuando los babilonios estaba a punto de invadir la ciudad. En ese entonces Dios le dijo que comprara un terreno allí. No era el momento preciso para comprar bienes raíces, ya que el enemigo estaba a punto de llevarse todo y a todos de la ciudad.

A pesar de la peculiaridad de las instrucciones de Dios, Jeremías obedeció de inmediato y por completo (Jeremías 32). Compró el terreno y Dios usó sus acciones como símbolo de esperanza para el pueblo: la de que un día volverían a Jerusalén. Esa actitud es la que Dios quiere ver en nosotros. En realidad, la obediencia parcial es desobediencia. Si vamos a obedecer, debemos hacerlo totalmente.

Cada vez que me he encontrado con Dios en oración, nunca ha dejado de pedirme algo y por eso siempre tengo papel a mano cuando oro. Sin embargo, Dios nunca me abruma con sus instrucciones. Por lo general, me da de una en una. En ciertas ocasiones me da dos, pero pocas veces tres. Puede ser que me pida que interceda por alguien, que pase más tiempo con mis hijos; o puede darme un mensaje sobre el cual predicar. Pero sea la instrucción que fuere, la da clara y sencillamente de manera que no me sea difícil de entender ni obedecer. Y una vez que llevo a cabo un objetivo, me da la siguiente instrucción.

La obediencia es la clave para el desarrollo de nuestras relaciones con Dios. Si su crecimiento espiritual se estanca y no está seguro por qué, autoexamínese. Tal vez esté empantanado por razones de desobediencia. Solo cuando lleve a cabo lo que Dios le pide, podrá avanzar en su jornada espiritual.

## 9. Tiempo de fe

Orar con fe es la parte favorita de mi tiempo devocional. Hebreos 11.1 dice: «Es, pues, la fe la certeza de lo que se espera, la convicción de lo que no se ve». La oración de fe es la expresión verbal de la fe, confirmando la expectativa de que Dios puede dar y dará resultados que deseamos para cumplir sus propósitos. Es como darle las gracias por adelantado por lo que intenta hacer.

Aprendí qué es orar con fe de mi padre, quien siempre lo hacía a medida que yo crecía. Particularmente recuerdo un viaje que di con él cuando estaba en el cuarteto de la universidad bíblica en Circleville. En ese entonces papá era el presidente de la institución y algunas veces cuando dábamos un concierto, viajaba con nosotros y predicaba el sermón.

En esa ocasión fuimos a una pequeña iglesia rural que hacía tiempo que no crecía. Al prepararnos para el culto, nos reunimos con el pastor de la iglesia, un hombre apesadumbrado que parecía estar desprovisto de toda esperanza. «No sé por qué se molestan tanto», dijo. «Hace quince años que nadie se salva en esta iglesia».

Después de concluir los preparativos, nos reunimos para tener nuestro acostumbrado período de oración. Mi padre terminó diciendo:

Señor, sé que harás grandes cosas en esta iglesia esta noche. Tú dices en Isaías 55.11 que tu Palabra que sale de tu boca no volverá a ti vacía, sino que hará lo que tú quieres y será prosperada en aquello para la que la enviaste. Señor, y te damos gracias porque esta noche tu Palabra cumplirá tu propósito. Las personas se salvarán y entrarán en tu Reino esta misma noche. Gracias, Señor, por tu promesa y el poder de tu Santo Espíritu obrando en nosotros y a través de nosotros. En el nombre de Jesús oramos. Amén.

La fe de papá y el poder del Espíritu Santo hicieron una maravillosa obra esa noche. Muchas personas se salvaron en aquella pequeña iglesia.

Orar con fe es emocionante. Mientras que oremos con motivos correctos, de acuerdo con la voluntad y planes de Dios, y no por nuestras razones egoístas, Él contestará esas oraciones y grandes cosas sucederán.

## 10. Tiempo de alabanza y acción de gracias

Muchos cristianos mezclan la alabanza con la acción de gracias sin darse cuenta de que hay una diferencia entre ambas. La alabanza reconoce a Dios por lo que es. La acción de gracias le reconoce por lo que ha hecho.

Tanto la alabanza como la acción de gracias son ingredientes necesarios en nuestras relaciones con Dios. Por regla general es mejor comenzar con la alabanza, porque aun en tiempos difíciles, cuando realmente no sentimos el deseo de dar gracias a Dios, siempre podemos alabarle por lo que es. Dios es el mismo cada día, amante, paciente, bueno y generoso. Es perfecto. Así pues, nunca nos faltan razones para alabarle. Una vez que hayamos comenzado, no pasará mucho tiempo antes de que nuestra alabanza se torne en acción de gracias por lo que ha hecho.

La adoración en forma de alabanza y acción de gracias le da a Dios mucho gozo. Después de todo, fuimos creados para adorarle. Pero también eso nos beneficia mucho. Cuando alabamos a Dios, Él mora en nosotros. Cuando le damos gracias, nos bendice. Y nuestra adoración nos da una mejor perspectiva.

Paul Billheimer dijo: «La alabanza tiene esta gran importancia: nos descentraliza de nosotros mismos. La adoración y la alabanza a Dios demanda un cambio de enfoque de nosotros hacia Dios. Uno no puede alabar a Dios sin renunciar a ocuparse de sí mismo. La alabanza produce un olvido de uno mismo y olvidarse de uno mismo es salud». Cuando adoramos a Dios, el orden de las cosas se establece como es debido. Después de todo, no adoramos a Dios porque nos bendice, sino porque Él es Dios y es digno de nuestra alabanza.

La oración se ha convertido en una parte inseparable de mi vida y la razón de cualquier éxito que haya alcanzado. Cada medida de crecimiento que experimenté vino como resultado del toque de Dios durante mis tiempos de oración. Creo que ese crecimiento nunca hubiera llegado a no ser por los períodos de oración que regularmente empleaba con Dios.

Como ya sabe, buscar un buen lugar para estar a solas con Dios fue un paso importante en el desarrollo de mi vigorosa vida devocional, y tuve gran éxito al encontrar buenos sitios hasta que me mudé a Lancaster, Ohio, para ejercer mi segundo pastorado. No pude encontrar lugar alguno como el de la roca de Hillham cerca de mi casa. El mejor que pude conseguir fue en el parque Rising, a quince minutos manejando desde donde vivía. Debido a la distancia no me era posible ir todos los días. Pero cada vez que podía, atravesaba el parque manejando y pasaba toda la tarde sentado en unos arrecifes con vista a toda la ciudad de Lancaster. Pasé tiempos maravillosos con Dios en ese parque.

Durante esos años a menudo oraba por mi hermano Larry. Vivía cerca en la misma ciudad de Lancaster y constantemente lo mencionaba en mis oraciones. En aquel tiempo no andaba en los caminos del Señor y me preocupaba por él.

Una mañana temprano antes de salir para mi trabajo, oí que un camión pasaba por la calle haciendo un gran estrépito y que de pronto se detenía frente a mi casa; luego escuché que tocaron a mi puerta. Al abrirla me sorprendí de ver a Larry parado allí sonriendo.

«Quiero que veas algo, John», dijo. «Ven acá».

Se volteó y le seguí hasta el jardín. Allí en la calle estaba estacionado un tremendo camión. Era el más grande que jamás haya visto. Y en ese camión había una enorme roca.

Dijo: «Sé que te gusta orar sobre una roca, por lo tanto, te traje una».

Larry hizo que unos hombres pusieran la roca en la arboleda en la parte sudoeste de nuestra casa y de nuevo tuve un maravilloso lugar donde encontrarme con Dios cerca de mi hogar. Pasé tiempos maravillosos de oración allí y cada vez que me encontraba con Dios no dejaba de darle gracias por Larry y de interceder por él. A su tiempo Larry volvió a Dios y ahora es un hombre de negocios cristiano maravillosamente fuerte que dedica su tiempo y sus talentos para edificar el Reino de Dios.

# PREGUNTAS DE DISCUSIÓN

1.  ¿De qué manera entra con más rapidez a la presencia de Dios: mediante la adoración, la oración o la lectura de la Biblia? ¿Por qué esa manera le habla con más fuerza?

2.  ¿Por cuál hecho o circunstancia reciente le gustaría dar gracias a Dios? ¿Qué le dice eso acerca del carácter de Dios?

3.  Se dice que el rey David era un hombre conforme al corazón de Dios. Sus relaciones con Él permanecieron fuertes en gran parte debido a su vida de oración. Lea 2 Samuel 12. Basado en este pasaje, ¿cuál diría que fue la actitud de David en cuanto a cada aspecto de la oración que se menciona en este capítulo?
    a. preparación
    b. espera
    c. confesión
    d. la Palabra de Dios
    e. meditación
    f. intercesión
    g. petición
    h. aplicación (obediencia)
    i. fe
    j. alabanza y acción de gracias

4.  Para los cristianos estadounidenses escuchar es una de las cosas más difíciles de hacer. ¿Cuán eficaz es usted para escuchar a Dios? ¿Qué lo dificulta? ¿Qué ayudaría a facilitarlo? ¿Qué puede hacer para mejorar?

5.  Dios dice que quienes le aman le obedecerán (Juan 14.23). Piense en un aspecto en el que Dios le está llamando ahora a obedecer. Divídanse en dos o tres grupos y oren unos por otros sobre estos aspectos.

# 4

# EVITE ASESINOS DE ORACIONES PERSONALES

*La oración eficaz del justo puede mucho.*
*Santiago 5.16*

Cuando mi esposa, Margaret, y yo nos casamos teníamos un viejo auto Volkswagen. Una fría mañana no mucho después de haberlo comprado, salí y me metí en él para ir a trabajar, pero no arrancaba. Giré la llave y nada sucedió. Todo lo que pude oír fue un débil ruidito seco.

Ahora bien, en ese entonces no sabía nada de autos, ni tampoco ahora. Pero afortunadamente un amigo nuestro sí. Giró la llave una vez, oyó el ruido e inmediatamente comenzó a trepar hasta el asiento trasero del carro.

—¿Qué haces? —le pregunté—. El motor está aquí atrás. Hasta yo sé eso.

—Quiero darle una ojeada a tu batería —dijo al comenzar a tironear el asiento trasero. Y con toda certeza allí estaba la batería.

—Aquí está el problema —dijo—. ¿Ves estos cables? Conectan la batería con el motor de arranque. Pero el lugar por donde los cables se conectan con la batería está oxidado.

Pude ver una blanca costra gruesa cubriendo los lugares que estaba señalando.

—Esa corrosión bloquea la electricidad. Tu motor no arrancará mientras que esa sustancia bloquee la electricidad.

—¿Puedes arreglarlo? —le pregunté.

—Seguro —dijo—. Podemos deshacernos de esta sustancia... no hay problema.

Observé sorprendido mientras tomó una botella de soda y echó un poco en los terminales de la batería. La corrosión desapareció haciendo burbujas. Entonces meneó un poquito con los cables y dijo:

—Trata ahora.

El auto arrancó perfectamente como si nada hubiera sucedido.

Nuestras relaciones con Dios y nuestra vida de oración funcionan de una manera muy similar a la de mi auto en aquella ocasión. Mientras no haya algo en el medio bloqueando nuestra «conexión» con Dios, nuestro poder es ilimitado. Pero cuando permitimos que la suciedad se interponga entre nosotros y Dios, estamos perdidos. Y no importa cuánto tratemos de «girar la llave» en oración, carecemos de poder.

# DIEZ ASESINOS COMUNES DE LA ORACIÓN

La mejor manera de no tener basura espiritual que obstaculice nuestra vida de oración es evitándola. Pero si no la ha podido evitar, lo mejor será limpiarla cuanto antes. He descubierto que hay diez bloqueadores comunes para las oraciones eficaces. Los llamo asesinos de la oración porque se llevan todo el poder de nuestras oraciones e impiden nuestra relación con Dios. Si encuentra que uno o más de estos bloqueadores se ajustan a usted, confiéselos a Dios y pídale perdón para restablecer su conexión con Él.

## Asesino de oración #1: Pecados no confesados

El pecado no confesado es quizás el más común de los asesinos de la oración. El Salmo 66.18 dice: «Él no habría escuchado si yo no hubiera confesado mis pecados» (*La Biblia al día*). Cuando la Biblia habla de mirar el pecado, se refiere al pecado inconfeso. Dios es perfecto y no puede tolerar el pecado en nosotros. Como resultado, le resta el poder a nuestras oraciones.

La buena noticia es que Dios nos perdona cuando confesamos el pecado y este desaparece. Los antecedentes se borran y no tenemos que rendir más cuenta por ellos. Jeremías 31.34 dice: «Porque perdonaré la maldad de ellos, y no me acordaré más de su pecado». No solo Dios perdona nuestro pecado, sino que decide verdaderamente olvidar todos los pasados. En ese momento se restaura nuestra relación y nuestras oraciones vuelven a cobrar poder. Nuestras acciones pasadas pueden aun tener sus consecuencias, pero el pecado en sí recibió perdón.

Si ha confesado su pecado y lo ha rendido a Dios, pero continúa sintiéndose acusado, no es la voz de Dios la que escucha; es la de Satanás, el acusador, atacándole. Siempre recuerde, el perdón de Dios es completo. Primera de Juan 1.9 dice: «Si confesamos nuestros pecados, Él es fiel y justo para perdonar nuestros pecados». No deje que Satanás le acuse cuando ya Cristo le ha libertado.

El pecado no perdonado también tiene otras consecuencias. Podíamos decir este salmo a la inversa y esto también sería cierto: «Él habría escuchado si yo hubiera confesado mis pecados». El pecado embota nuestros sentidos y nos separa de Dios. Analice el caso de Adán y Eva: Cuando pecaron, no quisieron andar más con Dios; se escondieron de Él.

Además de hacernos huir de Dios, el pecado también hace que nos aislemos de otros creyentes. En *Life Together* [La vida juntos], Dietrich Bonhoeffer escribió:

> El pecado demanda la posesión del hombre. Lo retira de la comunidad. Mientras más aislada esté la persona, más destructivo será el poder del pecado sobre ella y más desastroso será este aislamiento. El pecado desea permanecer en oculto. Huye de la luz. En la oscuridad de lo inexpresado envenena todo el ser.

El pecado aparta a la persona de la comunidad de los creyentes y, al estar lejos de otros cristianos, evita que recibamos el beneficio de rendir cuentas. Es un círculo vicioso. Como reza el refrán: la oración evita que pequemos y el pecado evita que oremos.

Si está albergando pecado en su vida, confiéselo ahora y reciba el perdón de Dios. Despeje lo que está evitando que se comunique con Dios.

## Asesino de oración #2: Falta de fe

La falta de fe tiene un impacto increíblemente negativo en la vida del cristiano. Sin fe la oración carece de poder. Incluso Jesús no pudo realizar ningún milagro en Nazaret porque la gente no tenía fe (Marcos 6.1-6).

Santiago, el hermano de Jesús, revela el efecto que la falta de fe produce en la oración. Santiago 1.5-8 dice:

> **Y si alguno de vosotros tiene falta de sabiduría, pídala a Dios, el cual da a todos abundantemente y sin reproche, y le será dada. Pero pida con fe, no dudando nada; porque el que duda es semejante a la onda del mar, que es arrastrada por el viento y echada de una parte a otra. No piense, pues, quien tal haga, que recibirá cosa alguna del Señor. El hombre de doble ánimo es inconstante en todos sus caminos.**

Qué increíble revelación es esta para el corazón del infiel. La palabra *doble ánimo* habla de una condición en la que la persona se divide emocionalmente casi como si tuviese dos almas. Esa condición hace a la persona inestable y la incapacita para escuchar a Dios o recibir sus dones.

La fe es realmente un asunto de confianza. Jesús dijo: «Y todo lo que pidiereis en oración, creyendo, lo recibiréis». Las personas muchas veces son remisas a poner su confianza en Dios. Pero cada día confían en otros sin cuestionar, ostentando una fe que a Dios le agradaría recibir de ellos. Piénselo. La gente va a los doctores cuyos nombres no pueden pronunciar, reciben una receta que no pueden leer, la llevan al farmacéutico a quien nunca han visto, obtienen una medicina que no conocen, ¡y entonces se la toman!

¿Por qué es mucho más fácil confiar en estos desconocidos que confiar en un Dios que es fiel y amoroso en todos los aspectos? La respuesta está en dónde ponemos nuestra confianza. Mucha gente pone su confianza en sus amigos, cónyuges, el dinero o en ellos mismos. Sin duda, cualquier cosa menos Dios los defraudará, pero aun la mínima cantidad de fe en Él puede mover montañas.

## Asesino de oración #3: Desobediencia

Recuerdo una tarde cuando tenía diecisiete años y estaba acostado en mi cama leyendo la Biblia. Hacía como un mes que había rededicado mi vida a Cristo y aceptado el llamado a predicar. Ese día estaba tratando de memorizar 1 Juan y me encontré con este versículo: «Amados, si nuestro corazón no nos reprende, confianza tenemos en Dios; y cualquiera cosa que pidiéremos la recibiremos de Él, porque guardamos sus mandamientos, y hacemos las cosas que son agradables delante de Él» (1 Juan 3.21-22).

De pronto pareció como si Dios hubiera abierto una puerta en mi mente y algo sonó. Me inundé de entendimiento. Aun lo recuerdo vívidamente porque fue uno de esos momentos especiales de iluminación que una persona experimenta en momentos cruciales de su vida. Al volver a leer el versículo, circulé la palabra *porque* en mi Biblia. Me di cuenta de que recibimos de Dios *porque* le obedecemos. Esa es la condición que debemos cumplir para poder acercarnos a Él en oración.

Si vamos a desarrollar una creciente relación con Dios y llegar a ser personas fuertes en la oración, debemos obedecer. Mantenernos alejados del pecado no es suficiente. Tampoco la fe. Si nuestros labios confiesan que creemos, pero nuestras acciones no lo demuestran con un despliegue de obediencia, esto prueba la debilidad de nuestra creencia. La obediencia debe ser el resultado natural de la fe en Dios. Quien obedece a Dios, confía en Él y le obedece.

Norman Vincent Peale contó una historia de su niñez que revela la manera en que la desobediencia obstaculiza nuestras oraciones. Cuando niño una vez se consiguió un puro. Se dirigió a un pasillo trasero donde imaginó que nadie lo vería y lo encendió.

Al fumarlo descubrió que no tenía buen sabor, pero sí le hacía sentirse adulto. Al exhalar el humo notó que un hombre venía por el pasillo en dirección a él. A medida que el hombre se acercaba, Norman se percató horrorizado que era su padre. Era muy tarde para tratar de tirar el puro, por lo tanto, lo escondió detrás de él y trató de actuar de la manera más natural posible.

Se saludaron y para consternación del muchacho, su padre comenzó a conversar con él. Desesperado por distraer la atención de este, el niño divisó una cartelera cercana que anunciaba un circo.

«¿Puedo ir al circo, papá?», le rogó. «¿Puedo ir cuando venga al pueblo? ¿*Por favor*, papá?»

«Hijo», respondió su padre en voz baja, pero firme, «nunca hagas una petición mientras al mismo tiempo tratas de ocultar el humo espeso de la desobediencia a tus espaldas».

Peale nunca olvidó la respuesta de su padre. Le enseñó una valiosa lección acerca de Dios. Él no puede pasar por alto nuestra desobediencia aun cuando tratemos de distraerle. Solo nuestra obediencia restaura nuestra relación con Él y añade poder a nuestras oraciones.

## Asesino de oración #4: Falta de transparencia con Dios y con otros

El 4 de junio de 1994 tuve el privilegio de hablar a sesenta y cinco mil hombres Cumplidores de Promesas en Indianápolis, Indiana. Hablé del valor de la integridad moral, de valorar a nuestras esposas y de mantenernos sexualmente puros. Durante las semanas que antecedían a la actividad sentí una tentación sexual y una presión como nunca antes había tenido. Le dije a mi esposa Margaret: «No me pierdas de vista durante las próximas semanas». Sabía que era objeto de serios ataques.

También tomé la decisión en ese entonces de dar a conocer mis luchas a mis compañeros de oración. No fue nada fácil, pero comprendí que si era sincero con ellos, a su vez podrían orar con más eficacia por esta situación. Mi transparencia hizo posible que oraran por mí muy específicamente y pude resistir la tentación. Creo que fueron sus oraciones las que me ayudaron a resistir este increíble período de dificultad y permanecer fiel a Dios.

Santiago 5.16 dice: «Confesaos vuestras ofensas unos a otros, y orad unos por otros, para que seáis sanados». Santiago da a conocer la verdad acerca de Dios: Cuando confesamos nuestros pecados unos a otros, lo cual requiere de nosotros una absoluta transparencia, Dios puede sanarnos y limpiarnos. Experimentamos una restauración espiritual, física y emocional. Además, nuestra transparencia ayuda a otros porque les muestra que no están solos en sus dificultades.

Dietrich Bonhoeffer ha escrito acerca de la importancia de confesarnos abiertamente con otros cristianos. En *Life Together* [La vida juntos] dice:

> En la confesión la luz del evangelio penetra en las tinieblas y la reclusión del corazón. Debe llevarse el pecado a la luz. Lo inexpresado debe comunicarse y reconocerse francamente. Todo lo secreto y oculto debe manifestarse. Es una dura lucha hasta que se admite el pecado con sinceridad. Pero Dios rompe la puertas de acero y las rejas de hierro. Nuestro hermano rompe el círculo del autoengaño. Un hombre que confiese el pecado en presencia de otro hermano sabe que ha dejado de estar solo. Experimenta la presencia de Dios en la realidad de la otra persona.

La parte más difícil de ser sincero es la confesión. El yo se convierte en una piedra de tropiezo y obra el temor de dañar nuestra imagen. Esto es algo con lo que la sociedad en pleno lucha. Cada cual quiere culpar a otros por sus defectos y problemas.

A través de los años he tenido que luchar con mi hijo, Joel Porter, en este asunto. Se niega a confesar cuando hace algo indebido. Cuando pequeño, al cometer un error, solía decir algo sin aludir a su responsabilidad. Margaret y yo teníamos que repetirle: «Joel, cuando haces algo mal, di: «Lo siento». Quería mantenerse al margen y lograr que se disculpara por lo que *él* había hecho era todo un objetivo.

La transparencia es difícil para muchas personas. Numerosos pastores que conozco tienen mucha dificultad con eso. Pero la franqueza con otros puede tener un profundo efecto en usted. La transparencia con Dios al orar le coloca en la agenda de Él en lugar de la suya, y también le da la libertad a otros creyentes para que oren por usted estratégica y específicamente.

## Asesino de oración #5: Falta de perdón

Quizás recuerde el pasaje de la Escritura en el que Pedro le pregunta a Jesús acerca del perdón. Le dice: «Señor, ¿cuántas veces perdonaré a mi hermano que peque contra mí? ¿Hasta siete?» (Mateo 18.21). La Ley hebrea exigía que la persona perdonara tres veces una ofensa. Pedro, al sugerir siete, pensó que era muy indulgente y perdonador. Quizás se sorprendió cuando oyó la respuesta de Jesús: «No te digo hasta siete, sino aun hasta setenta veces siete» (Mateo 18.22).

Jesús trató de enseñarle a Pedro que el perdón no era un asunto de matemáticas. Ni tampoco una alternativa de palabras. Se trata de una actitud del corazón y de que el Espíritu Santo nos dé el poder para perdonar. ¿Por qué el perdón es tan importante? La respuesta la encontramos en Mateo 6.14-15: «Porque si perdonáis a los hombres sus ofensas, os perdonará también a vosotros vuestro Padre celestial; mas si no perdonáis a los hombres sus ofensas, tampoco vuestro Padre os perdonará vuestras ofensas».

Perdonar y ser perdonado son gemelos inseparables. Cuando una persona se niega a perdonar a otra, se daña a sí misma porque su falta de perdón se puede adueñar de ella y producirle amargura. Y con amargura no se puede entrar en la oración y salir con bendición. El perdón no solo le permite a su corazón a hacer lo bueno, sino también a ser luz.

## Asesino de oración #6: Motivos falsos

Una vez escuché la historia de un ministro que salió un día a caminar por una hilera de casas muy suntuosas de estilo victoriano. Mientras paseaba por allí divisó un muchachito saltando en el portal de una de ellas, bella y antigua. Estaba tratando de alcanzar el timbre que se hallaba en un lugar alto al lado de la puerta, pero era muy pequeño para llegar.

Sintiendo pena por el muchacho, el ministro se llegó hasta allí, entró en el portal y tocó el timbre con fuerza por él. Entonces sonrió y le dijo: «¿Y ahora qué, jovencito?»

«Ahora», exclamó el muchacho, «¡a correr como loco!»

El hombre juzgó mal los motivos del muchacho en la historia, pero Dios no comete errores en cuanto a nuestros motivos. Cuando estos no son buenos, nuestras oraciones carecen de poder. Santiago 4.3 dice: «Pedís y no recibís, porque pedís mal, para gastar en vuestros deleites».

A veces incluso puede ser difícil conocer nuestros motivos. En mi experiencia he observado dos cosas que rápidamente exponen nuestros falsos motivos:

1. UN PLAN MAYOR QUE NOSOTROS: Grandes planes, los que se montan por encima de nuestras cabezas, nos obligan a examinar por qué los estamos haciendo. Y ese proceso expone nuestros motivos. Piense en alguien como Noé. Dios le mandó a construir un arca en una época en que nunca había llovido sobre la tierra. Sin duda, era una tarea que no podía hacer solo. Cuando sus vecinos vinieron a reírse de él, Noé debió haberse examinado a sí mismo y el por qué lo estaba haciendo. Y eso le recordó su responsabilidad hacia Dios.

**2. LA ORACIÓN:** Cuando oramos, Dios nos habla y muestra nuestros motivos. Si estamos actuando con orgullo, temor, egoísmo, autosatisfacción, conveniencia, etc., Dios nos lo mostrará siempre que deseemos escuchar. Y si lo deseamos, Él cambiará esos motivos.

Ya que siempre quiero tratar de mantener mis motivos puros, le pido a Bill Klassen, mi compañero de oración personal, que me pida cuentas. Una de las preguntas que siempre me hacía cuando todavía pastoreaba la iglesia de Skyline era: «¿Estás abusando del poder que tienes en la iglesia?» Eso mantenía vigente mi sinceridad. Y sabiendo que tenía que enfrentarme a Bill cada mes y responder a esa pregunta, eso me ayudaba a recordar que debía examinar mis motivos continuamente para que se mantuvieran puros y alineados con lo que Dios deseaba para mí.

## Asesino de oración #7: Ídolos de la vida

Cuando la mayoría de las personas piensan en ídolos, vienen a sus mentes las estatuas que muchos adoran como dioses. Pero un ídolo puede ser cualquier cosa en la vida que se interponga entre nosotros y Dios. Los ídolos vienen de muchas formas como el dinero, la carrera, los hijos y el placer. Repito, es un asunto del corazón.

Ezequiel 14.3 muestra claramente el efecto negativo de cualquier cosa que se interponga entre una persona y Dios. Dice: «Hijo de hombre, esos hombres han puesto sus ídolos en su corazón, y han establecido el tropiezo de su maldad delante de su rostro. ¿Acaso he de ser yo en modo alguno consultado por ellos?» Este pasaje muestra muy claramente la aversión que Dios siente por los ídolos. Ni siquiera desea que un adorador de ídolos le hable. Por otra parte, cuando quitamos los ídolos de nuestras vidas, estamos listos para un avivamiento personal.

Revise su propia vida. ¿Hay algo que ha puesto por encima de Dios? Algunas veces es difícil decirlo. Una manera de saber si hay algún ídolo en su vida es preguntándose: «¿Estaría dispuesto a renunciar a esto si Dios me lo pidiera?» Mire con sinceridad su actitud hacia su carrera, sus posesiones y su familia. Si hay cosas que no dejaría por Dios, ellas están bloqueando su acceso a Él.

## Asesino de oración #8: Indiferencia hacia otros

El Salmo 33.13 dice: «Desde los cielos miró Jehová; vio a todos los hijos de los hombres». La perspectiva de Dios es inmensa. Ama a todo el mundo y desea que nos interesemos en otros de la misma manera que Él, y se acongoja cuando desatendemos a los demás.

Las Escrituras están llenas de versículos que respaldan el anhelo de Dios para que haya unidad entre los creyentes, entre hermanos cristianos, cónyuges, laicos y pastores. Por ejemplo, en Juan 13.34 Jesús dice: «Un mandamiento nuevo os doy: Que os améis unos a otros; como yo os he amado, que también os améis unos a otros». Primera de Pedro 3.7 exhorta a los cónyuges a que se consideren mutuamente. De lo contrario, dice, sus oraciones tendrán obstáculos. Y 1 Pedro 2.13 dice: «Someteos por causa del Señor a toda institución humana».

Otro de los beneficios de la oración es que le ayuda a aprender a amar a otros. Es imposible que una persona odie y critique a alguien por quien está orando. La oración genera compasión, no competencia. Por ejemplo, Bill Klassen a menudo les cuenta a los suyos acerca de su carácter cuando era un joven cristiano. Casi todos los domingos después del culto decía que había comido «pastor asado» en el almuerzo. Criticaba a su pastor muy severamente. Pero al crecer en su vida de oración, Dios comenzó a quebrantar su corazón tornándolo a favor de los pastores. Su espíritu de crítica desapareció convirtiéndose en uno de compasión. Y finalmente le indicó que comenzara su propio ministerio de «Compañeros de oración», dedicado a motivar a los laicos para orar por sus pastores. Ese fue un gran vuelco.

## Asesino de oración #9: Indiferencia hacia la soberanía de Dios

Creo firmemente en la soberanía de Dios. Pienso que esa es una de las cosas que me han ayudado a seguir siendo positivo durante los tiempos difíciles a través de los años. Sé que Dios me conoce totalmente y sabe qué es lo mejor para mí. Jeremías 1.5 dice: «Antes que te formase en el vientre te conocí, y antes que nacieses te santifiqué».

Cuando Jesús mostró a sus discípulos cómo orar, lo primero que hizo fue enseñarles a honrar a Dios por lo que es: «Padre nuestro que estás en los cielos, santificado sea tu nombre. Venga tu reino. Hágase tu voluntad, como en el cielo, así también en la tierra» (Mateo 6.9-10). Ese es un obvio reconocimiento de que Dios tiene el dominio de todo, de que es soberano. Y establece nuestra relación con Él, es decir, la de un hijo bajo la autoridad de su Padre. Cada vez que no prestamos atención al orden divino de las cosas, nos apartamos de los límites e impedimos nuestra relación con nuestro Padre celestial.

## Asesino de oración #10: Voluntad rebelde

Había una vez una mujer escocesa que modestamente se ganaba la vida con artículos de cerámica que vendía por los caminos de su país. Cada día viajaba por los alrededores y cuando llegaba a una intersección tiraba una varita al aire. Del lado que cayera la varita le indicaba qué rumbo seguir. En una ocasión un anciano se atravesó en su camino al verle tirar la varita por tres veces consecutivas. Finalmente le preguntó:

—¿Por qué tira esa varita así?

—Dejo que Dios me indique hacia dónde ir —respondió.

—Entonces, ¿por qué la tiró tres veces? —preguntó el anciano.

—Porque las primeras dos veces me señalaron malas direcciones —fue su respuesta.

El propósito fundamental de la oración no es que obtengamos lo que queremos, sino aprender a querer lo que Dios nos da. Pero eso nunca sucederá si no rendimos nuestra voluntad y nos colocamos en la agenda de Dios en lugar de la nuestra.

La persona cuya voluntad está rendida a Dios mantiene una relación con Él como la que se describe en la parábola de la vid y los pámpanos. Dice: «Si permanecéis en mí, y mis palabras permanecen en vosotros, pedid todo lo que queréis, y os será hecho» (Juan 15.7). La rama depende de la vid y vive unida a ella. A su vez la vid le proporciona de todo lo que necesita, lo que trae como resultado frutos abundantes.

Rendir nuestra voluntad a la de Dios reporta grandes beneficios. Uno de ellos es que Dios promete responder nuestras oraciones y conceder nuestras peticiones. Otro es que llegamos a recibir el poder de Cristo a través del Espíritu Santo. A semejanza de la vid y las ramas, Él fluye a través de nosotros, nos da poder y produce frutos.

El desarrollo de una vida de oración eficaz depende de la continuidad en mantener con Dios relaciones fuertes y desprovistas de pecado y desobediencia. En 1 Pedro 3.12 dice: «Los ojos del Señor están sobre los justos, y sus oídos atentos a sus oraciones; pero el rostro del Señor está contra aquellos que hacen el mal». Si luchamos por la justicia y confesamos nuestros errores, podemos permanecer cerca de Dios. Sin embargo, mantener nuestras relaciones con Él es un proceso continuo.

Vea el Salmo 139.23-24. Contiene las palabras de David, un hombre conforme al corazón de Dios, que mantuvo una de las mejores relaciones con Él en toda la Biblia:

> **Examíname, oh Dios, y conoce mi corazón;**
> **pruébame y conoce mis pensamientos;**
> **y ve si hay en mí camino de perversidad,**
> **y guíame en el camino eterno.**

David conquistó algunos de los pecados más horribles de su vida por estar cerca de Dios. Fue un asesino y adúltero, pero se humilló ante Dios y confesó sus pecados. Y eso le permitió acercarse más a Dios y continuar creciendo y edificándose en sus relaciones con Él.

David es un gran modelo que debemos imitar. Si Dios pudo perdonarle y establecer relaciones especiales con él, también puede hacer lo mismo con nosotros. Si somos fieles, Dios nos acercará a Él y contestará nuestras oraciones.

# PREGUNTAS DE DISCUSIÓN

1.  ¿Puede recordar alguna vez en que alguien le colgó el teléfono? ¿Cómo se sintió?

2.  ¿Cuáles son las similitudes entre colgarle el teléfono a alguien y albergar uno de los asesinos de la oración en el corazón? ¿Cómo cree que Dios se siente cuando le «colgamos» a Él?

3.  Las personas luchan con diferentes asesinos de oraciones. De los diez enumerados en el capítulo, ¿a cuáles es más susceptible? ¿Por qué son particularmente difíciles para usted?
    a.  pecado no confesado
    b.  falta de fe
    c.  desobediencia
    d.  falta de transparencia con Dios y con otros
    e.  falta de perdonar
    f.  motivos falsos
    g.  ídolos en la vida
    h.  indiferencia hacia otros
    i.  indiferencia hacia la soberanía de Dios
    j.  voluntad rebelde

4.  ¿Cuáles son algunos de los beneficios que nos brinda una franca comunicación con Dios sin ningún obstáculo espiritual?

5.  ¿Qué cosas puede hacer para evitar caer en el hábito de cualquier asesino de la oración?

# 5

# EXPANDA SU ENFOQUE DE ORACIÓN

*Disputadores son mis amigos; mas ante Dios derramaré mis*
*lágrimas. ¡Ojalá pudiese disputar el hombre con Dios, como*
*con su prójimo!*
*Job 16.20-21*

En el verano de 1876 los saltamontes casi destruyen las cosechas en Minnesota. Así es que en la primavera de 1877 los campesinos se preocuparon. Creían que esa plaga mortal una vez más les visitaría y de nuevo destruiría la rica cosecha de trigo, trayendo ruina a miles de personas.

La situación era tan seria que el gobernador John S. Pillsbury proclamó el 26 de abril como el día de oración y ayuno. Exhortó a cada hombre, mujer y niño a pedirle a Dios que evitara aquel flagelo terrible. Ese día cerraron todas las escuelas, los mercados, las tiendas y las oficinas. Había un silencio reverente por todo el estado.

El día siguiente amaneció brillante y claro. Las temperaturas subieron mucho más de lo que normalmente alcanzan en verano, cosa muy peculiar que ocurra en abril. Los habitantes de Minnesota se consternaron al descubrir miles de millones de larvas de saltamontes agitándose en su intento por vivir. El calor extraordinario persistió durante tres días y las larvas comenzaron a salir. Parecía que no iba a pasar mucho tiempo antes de que estas empezaran a comerse el maíz destruyendo así la cosecha.

El cuarto día, sin embargo, la temperatura bajó súbitamente y esa noche la escarcha cubrió la tierra. Mató cada una de esas plagas que andaban arrastrándose con tal seguridad como si se hubiera usado veneno o fuego. Los campesinos agradecidos nunca olvidaron ese día. Pasó a la historia de Minnesota como del día en que Dios contestó las oraciones del pueblo.

# EL PODER DE ORAR POR OTROS

Ese acontecimiento de Minnesota hace más de ciento veinte años muestra lo que puede suceder si las personas desean orar no solo por ellas mismas, sino por otros. Es entonces cuando la oración se vuelve emocionante. Puede en realidad ver las respuestas a las oraciones. Puede ver que las vidas cambian y ese es el gozo más grande de orar por otros.

El acto de orar y rogar a Dios a favor de otros se llama comúnmente intercesión. Es un acto altruista y muchas personas lo consideran como la más sublime forma de oración. Jesús fue un intercesor. Durante las últimas horas antes de su arresto y crucifixión empleó tiempo intercediendo por sus discípulos y los creyentes que vendrían después de ellos, ¡lo cual nos incluye a nosotros! Dijo:

> Yo ruego por ellos. No ruego por el mundo, sino por los que me has dado, porque son tuyos ... Padre santo, protégelos con el poder de tu nombre, el nombre que me diste, para que sean uno así como nosotros lo somos... no ruego solo por estos. Ruego también por los que creerán en mí por medio del mensaje de ellos, para que todos ellos sean uno, Padre, así como tú estás en mí y yo en ti. (Juan 17.9-21, NVI)

Jesús vino a este mundo a hablar a las personas acerca de Dios, pero mientras estaba aquí también le habló a Dios de las personas. Y ahora en el cielo continúa orando por nosotros, incercediendo a nuestro favor (Romanos 8.34).

# CARACTERÍSTICAS DE UN INTERCESOR

Cualquiera puede interceder por otra persona. La gente lo hace siempre. Si está casado, tal vez ore por su cónyuge. Si tiene hijos, quizás ore siempre por ellos, pidiendo a Dios que les proteja y les ayude a aprender y crecer. Esos son ejemplos de intercesión.

En ocasiones me encuentro con personas cuyo deseo de orar por otros es tan fuerte que se sienten *compelidos* a interceder por ellos. Algunas veces oran especialmente por una persona en particular, pero casi siempre oran por muchas. Bill Klassen, quien comenzó el ministerio de compañeros de oración en Skyline, y su esposa, Marianne, son dos personas que se sienten así en cuanto a la oración. Creo que tienen el *llamado* a ser intercesores. Las personas como ellos que tienen esa clase de inclinación por la oración, a menudo tienen tres características en común:

1. **IDENTIFICACIÓN:** Las personas que sienten el llamado a interceder por alguien generalmente tienen una fuerte identificación o empatía con esa persona. Algunas veces esa identificación comienza con un respeto al ministerio o posición de esa persona, como el del pastor. Sin embargo, los sentimientos de relación y empatía casi siempre se ahondan a un nivel más personal.

Antes mencioné que tengo un compañero de oración llamado Fred Rowe, que ora en su carro temprano cada mañana. Fred se comprometió a orar por mí y la iglesia después de asistir a un desayuno de compañeros de oración en Skyline. Más tarde contó acerca de un período de oración que tuvo en el que comenzó a llorar incontrolablemente sin saber por qué. A pesar de todo lo que hizo, no pudo cesar. Al orar y preguntarle a Dios qué pasaba, recibió la respuesta. «Te doy mi amor por John», sintió que le decía. Desde entonces Fred ha sido un apoyo de oración increíble y tiene un gran deseo de orar no solo por mí, sino por otros pastores también.

**2. SACRIFICIO:** Los intercesores ostentan un deseo de hacer sacrificios por quienes oran. A menudo pasan largos períodos rogando a Dios a favor de otros. Por ejemplo, mire a Moisés. Intercedió a favor de todos los hijos de Israel después del vergonzoso espectáculo del becerro de oro. Deseaba sacrificar hasta su propia alma. Dijo a Dios: «Te ruego ... que perdones su pecado, y si no, ráeme ahora de tu libro que has escrito» (Éxodo 32.32).

**3. AUTORIDAD:** El precio de la intercesión es el deseo de sacrificarse, pero este implica la autoridad de Dios a través del poder del Espíritu Santo. Dios remunera a quienes desean colocarse en medio de la brecha para rogar por ellos.

# CÓMO ORAR POR OTROS

¿Se siente *compelido* a interceder por otros como Bill y Marianne Klassen? Si es así, eso es fantástico. Dios honrará tal deseo. Sin embargo, muchos cristianos no empiezan con ese tipo de impulso fuerte para interceder. Aun Moisés pasó cuarenta años de preparación en el desierto antes de que Dios lo llamara a ayudar a los hebreos en Egipto. Hasta donde podemos saber, no se convirtió en un intercesor sino hasta los ochenta años.

En lo hondo de su ser usted probablemente sí tiene algún tipo de deseo de orar por otros, de lo contrario no estaría leyendo este libro. Y eso es todo lo que necesita. Puede ayudar a otros, incluyendo a su pastor, las personas de su iglesia y su familia.

Si está listo para orar por otros, pero no está seguro de cómo hacerlo, aquí hay cuatro cosas por las que siempre puede pedir, ya sea un pastor orando por su congregación, un laico orando por un líder de la iglesia, un ciudadano orando por los oficiales del gobierno, un padre o madre orando por sus hijos, o un creyente orando por un inconverso:

## 1. Ore que conozcan cuál es la voluntad de Dios para sus vidas

Lo mejor que la gente puede esperar en esta vida es conocer a Dios y cumplir el propósito que tiene planeado para ellos. Así pues, lo más natural es que se lo pidamos a Dios cuando oremos por otros.

El apóstol Pablo, un buen líder y hombre fuerte en la oración, tenía la costumbre de orar pidiendo que otros conocieran los propósitos que Dios tenía para ellos y podemos aprender mucho de lo que dice acerca de la oración intercesora. En su carta a los Colosenses Pablo escribió: «No cesamos de orar por vosotros, y de pedir que seáis llenos del conocimiento de su voluntad en toda sabiduría e inteligencia espiritual» (1.9). Pablo reconocía que conocer la voluntad de Dios era un asunto espiritual y que se necesitaba oración para que las personas lo supieran. Por eso oraba para que las personas de la iglesia de Colosas conocieran la voluntad de Dios, es decir, su propósito.

## 2. Ore que hagan la voluntad de Dios en sus vidas

Pablo oraba para que las personas conocieran la voluntad de Dios, pero también sabía que *conocer* la voluntad de Dios no garantizaba *hacer* su voluntad. De modo que llevó su oración un paso más adelante. Oraba para que actuaran sobre lo aprendido. El siguiente versículo de esta carta sigue diciendo: «Oramos para que andéis como es digno del Señor, agradándole en todo, llevando fruto en toda buena obra» (1.10). Solo a través de la acción una persona puede cumplir el propósito que Dios le tiene reservado.

Cuando se ora para que se cumpla un propósito en la vida de otra persona, ayuda que seamos tan específicos como nos sea posible en nuestra petición. Probablemente no podríamos orar acerca de los detalles porque no sabemos con exactitud cuál es la voluntad de Dios para la vida de esa persona. Pero podemos ser específicos acerca del proceso. Ore en tres aspectos por ellos.

- **CONOCIMIENTO:** Primero ore que conozcan la voluntad de Dios, de modo que Él se los comunique con claridad y que lo puedan entender.
- **ACTITUD:** Después ore que tengan una buena actitud hacia Dios y lo que les tiene que decir. A menudo este es un paso mucho más difícil de dar. Una cosa es conocer la voluntad de Dios, pero otra es desear cambiar nuestro parecer en cuanto a ello y aceptarlo.
- **CONDUCTA:** Finalmente ore que puedan cambiar su conducta y conformarla a la voluntad de Dios. A menudo ese es el paso más difícil en el cambio porque requiere que las personas se enfrenten a lo desconocido o hagan cosas que no acostumbran a hacer y eso les hace sentir incómodas. Por ejemplo, una vez aconsejé a una persona que nunca se dedicó a alentar a otros, pero quería desarrollarse en ese aspecto. Cada dos semanas durante nuestro tiempo de consejería decía: «Esto no parece marchar bien; me siento muy incapaz». Pero seguí orando por esa persona y siguió esforzándose hasta que no mucho después aprendió a animar a otros.

Cuando era joven mis padres oraban mucho por mi hermano Larry, mi hermana Trish y por mí, y aún lo hacen cada día. Una de las cosas por las que más les oí orar era para que conociéramos la voluntad de Dios para nuestras vidas. Creo que esas oraciones fueron increíblemente determinantes en nosotros. Por ejemplo, siempre supe lo que Dios quería que hiciera. Hasta donde recuerdo, desde que tenía tres años de edad, supe que debía ser un predicador. Seguí el llamamiento y como resultado Dios me bendijo. Pero no lo hubiera sabido de no haber contado con las oraciones de mis padres.

### 3. Ore que sus vidas sean productivas

En la carta de Pablo a los colosenses también dice que oró para que las personas condujeran sus vidas de manera productiva. Escribió así: «Oramos para que andéis como es digno del Señor, agradándole en todo, llevando fruto en toda buena obra» (1.10).

La vida de un cristiano obediente es fructífera. Así es como nuestro Creador nos diseñó. Jesús dijo: «Yo os elegí a vosotros, y os he puesto para que vayáis y llevéis fruto, y vuestro fruto permanezca» (Juan 15.16). El fruto más grande que la vida de una persona puede llevar tiene valor eterno; por lo general esto se traduce en acciones de eternas consecuencias, como lo son la salvación de los inconversos y el ministerio hacia otros miembros del Cuerpo de Cristo. De modo que cuando ore por otros, pida que sus vidas sean productivas y que decidan llevar fruto eterno.

### 4. Ore que tengan una creciente relación con Dios

Pablo también oró para que las personas siguieran «creciendo en el conocimiento de Dios» (Colosenses 1.10). Sabía que todo en la vida dependía de las sanas relaciones con nuestro Creador. Y también aprendió una valiosa lección como resultado de este tipo de crecimiento en su experiencia personal: el contentamiento (Filipenses 4.11-12).

Una vez escuché una gran definición de lo que significa la felicidad. Decía: «La felicidad es el crecimiento». Descubrí que esto es cierto en mi vida. Cuando crezco en mis relaciones con Dios y le soy obediente, es cuando más contento estoy. Y es bueno que le pidamos a Dios que haga lo mismo con otros.

## 5. Ore que recíban poder en sus vídas

Pablo al orar pedía que las personas recibieran poder. Les decía en sus cartas que fueran «fortalecidos con todo poder, conforme a la potencia de su gloria, para toda paciencia y longaminidad» (Colosenses 1.11).

Como cristianos, cada uno de nosotros puede recibir poder por el Espíritu Santo. Si vamos a hacer algo de valor, debemos tenerle como la fuente de nuestro poder. Imagínese que es una aspiradora eléctrica en su casa. Al igual que nosotros, las aspiradoras se crearon con ciertas capacidades y un propósito específico. Pero si no se conecta a una fuente de electricidad, es inútil. Depende de otra fuente para ser eficaz. Si desconecta el cable, no tiene valor.

Somos así. Sin el poder de nuestra Fuente, Jesucristo, no somos eficaces. Podríamos tener la capacidad para hacer algunas cosas por nuestra cuenta, pero esas no tienen valor eterno. Cuando realmente comprendemos esto, comenzamos a vernos tal cual somos. Nos damos cuenta de que necesitamos y debemos depender de Dios.

Por eso es importante que le pidamos a Dios que le dé a otros su poder al orar por ellos. Sin ese poder no podrán ser determinantes para Él. Sin embargo, con ese poder podrán mostrar fortaleza al enfrentar la adversidad, paciencia en medio de las pruebas y resistencia para terminar la carrera que Dios ha puesto delante de ellos. Y al final podremos esperar que Dios les dirá a los hermanos cristianos por los que oramos: «Bien, buen siervo y fiel».

## 6. Ore que tengan una buena actitud

Finalmente Pablo oró para que los creyentes de la iglesia de Colosas tuvieran «gozo dando gracias al Padre que nos hizo aptos para participar de la herencia de los santos en luz» (1.11-12). En otras palabras, Pablo oraba que mantuvieran una actitud positiva y gozosa. Quizás se pregunte: «¿Por qué Pablo oraba a fin de que las personas tuvieran esas actitudes?» Encontrará la respuesta en este poema que escribí diez años atrás:

## ¿CUÁL ES SU ACTITUD?
*Es el verdadero «hombre avanzado» de nosotros mismos.*
*Sus raíces son internas, pero sus frutos externos.*
*Es nuestra mejor amiga o nuestra peor enemiga.*
*Es más sincera y constante que nuestras palabras.*
*Es la apariencia externa basada en experiencias pasadas.*
*Nunca está contenta hasta que se expresa.*
*Es la bibliotecaria de nuestro pasado;*
*Es nuestra portavoz del presente;*
*Es la profetisa del futuro.*

Nuestras actitudes conmocionan casi todos los aspectos de nuestra vida. Influye en nuestra conducta, afecta nuestra habilidad para aprender, determina nuestro contentamiento y da colorido a nuestras relaciones incluyendo nuestras relaciones con Dios. Afecta la vida de cada persona y el andar de cada cristiano más de lo que nos imaginamos.

Al orar para que otros mantengan una actitud gozosa, recuerde que el gozo y la felicidad son diferentes. El gozo es interno y se basa en Cristo. La felicidad es externa y se basa en las circunstancias. El gozo es eterno y se vincula a la salvación, mientras que la felicidad es temporal y se basa en emociones pasajeras. Ore para que sus hermanos en Cristo hallen *gozo* en sus vidas y, como resultado, sean sal y luz a cuantos le rodean.

Al dedicar cada vez más tiempo a orar por otros, hallará que su actitud hacia otras personas mejora; se vuelve más positivo y compasivo, y su período de oración madurará. Descubrirá que:

- **ANTES SE CONCENTRABA EN RECIBIR, PERO AHORA SE INTERESA EN DAR.** «Más bienaventurado es dar que recibir» (Hechos 20.35).
- **ANTES SE PREOCUPABA DE SUS PROPIAS HERIDAS, PERO AHORA SE CONCENTRA**

EN SANAR. «Soportándoos unos a otros, y perdonándoos unos a otros si alguno tuviere queja contra otro. De la manera que Cristo os perdonó, así también hacedlo vosotros» (Colosenses 3.13).

- **ANTES SE PREOCUPABA POR SUS PROBLEMAS, PERO AHORA SE CONCENTRA EN EL PODER DE DIOS.** «Esperad en Él en todo tiempo, oh pueblos; derramad delante de Él vuestro corazón; Dios es nuestro refugio» (Salmo 62.8).

En *Alabanza a la disciplina*, Richard Foster dijo:

> Orar es cambiar. La oración es la avenida central que Dios usa para transformarnos. Si no estamos dispuestos a cambiar, abandonaremos la oración como característica notable de nuestra vida. Cuando más cerca lleguemos al corazón de Dios tanto más comprenderemos nuestra necesidad y desearemos conformarnos a Cristo.[1]

Orar es cambiar. Eso es cierto, pero también es cierto que la oración cambia a otros.

En un capítulo anterior mencioné que una vez mi hermano Larry no andaba en los caminos del Señor. En ese entonces seguía sus propios planes. Era un hombre de negocios y tenía éxito en sus finanzas. Durante todo ese tiempo en que descuidaba sus relaciones con Dios, mis padres intercedían por él todos los días pidiéndole que Larry volviera a Él.

Una tarde mientras jugábamos tenis, finalmente le pregunté a Larry: «¿Cuándo vas a dejar de enredarte en otras cosas y volver a Dios?»

«John» respondió, «no sé, pero sé que será algún día. Haga lo que haga, no puedo escapar de las oraciones de nuestros padres».

---

1. Richard Foster, *Alabanza a la disciplina*, Editorial Betania, Miami, FL, 1986, p. 46.

Larry tenía razón. No podía escapar de sus oraciones, y años más tarde volvió al Señor. Para ese entonces ya se había independizado financieramente. Cambió su centro de atención y comenzó a usar sus recursos en cosas de valor eterno. Ahora no solo es un diezmador y ayuda en la iglesia, sino que está enfrascado en muchas organizaciones que se dedican a servir a la gente y a edificar el Reino de Dios: es un regente de la Universidad Wesleyana en Indiana. Es director de la cadena de radio RTN, un sistema sin fines de lucro de siete estaciones de radio cristianas. Fue director de Health Care Ministries [Ministerios del Cuidado de la Salud] y actualmente es director de World Gospel Missions [Misiones Mundiales del Evangelio], organizaciones que sostienen directamente las misiones de ayuda médica en países del tercer mundo. También es miembro de la junta directiva de INJOY, mi organización que enseña y prepara líderes cristianos.

Cuando Larry llegue al cielo, creo que Dios premiará su vida de obediencia. Pero también creo que mis padres tendrán parte en esa remuneración. Sin sus fieles oraciones Larry nunca hubiera vuelto a los caminos del Señor. Y las miles de personas cuyas vidas ha tocado se hubieran perdido las bendiciones que Dios tenía para ellos.

# PREGUNTAS DE DISCUSIÓN

1.  ¿Por qué piensa que Moisés se sintió compelido a orar por los hijos de Israel? ¿Tenía esto algo que ver con sus relaciones con ellos?

2.  ¿Ha habido alguna vez en su vida en que sintió un fuerte deseo de orar por alguien allegado a usted: un hijo, su cónyuge, o alguna amistad? Describa ese sentir y las circunstancias que le rodeaban.

3.  ¿Qué le dificulta más hacer la voluntad de Dios?
    a.  conocer la voluntad de Dios
    b.  tener una actitud receptiva hacia la voluntad de Dios
    c.  cambiar su conducta para obedecer su voluntad

4.  Describa alguna ocasión en que trató de desarrollar una tarea del ministerio sin apoyarse en el poder y la fortaleza de Dios. ¿Cuáles fueron los resultados? ¿Aprendió algo de esa experiencia que podría aplicar en su próxima tentativa?

5.  Divídanse en grupos de dos o tres y oren unos por otros en cada uno de los aspectos que se mencionan en este capítulo:
    a.  Oren que conozcan la voluntad de Dios en sus vidas.
    b.  Oren que hagan la voluntad de Dios en sus vidas.
    c.  Oren que sus vidas sean productivas.
    d.  Oren que tengan una relación creciente con Dios.
    e.  Oren que vidas tengan poder.
    f.  Oren que tengan una buena actitud.

# 6

# PROTEJA A SUS PASTORES Y ASÓCIESE A ELLOS

*Exhorto ante todo, a que se hagan rogativas, oraciones, peticiones y acciones de gracias, por todos los hombres; por los reyes y por todos los que están en eminencia, para que vivamos quieta y reposadamente en toda piedad y honestidad.*
*1 Timoteo 2.1-2*

Durante los últimos dos años Bill Hybels y yo como compañeros hemos disfrutado juntos enseñando en varias conferencias para pastores. Bill es pastor principal de Willow Creek Cummunity Church en el área de Chicago, una iglesia que comenzó de la nada y se convirtió en una de las más grandes de América del Norte. Es un maravilloso hermano en la fe y gran líder.

Bill y yo descubrimos que enseñar y preparar pastores es una increíble experiencia remuneradora. Sabemos que por cada pastor que ayudamos en una conferencia, sin duda llegamos a cientos y miles de personas en sus congregaciones. Una fase importante de esas conferencias es el tiempo que apartamos para orar por los pastores que asisten. Vemos que para muchos de ellos el período de la oración transforma.

Después de una conferencia reciente recibí una carta de uno de los pastores que asistieron. Parte de lo que escribió dice así:

Querido John:

«Hasta los jóvenes pueden cansarse y fatigarse, hasta los más fuertes llegan a caer» (Isaías 40.30, *Versión Popular*). Es asombroso ver cómo Dios responde las oraciones y nos habla. Muchas personas oraron por mí ayer [en la conferencia]. Algunos ni me conocían o ni sabían por qué oraban por mí.

Tengo veinticuatro años de edad y soy pastor de niños en una iglesia al sudoeste de Chicago. El martes por la mañana [dos días antes de la conferencia] le extendí a mi pastor principal y al presidente de la junta administrativa de la iglesia mi carta de renuncia. Lo hice con extremo dolor y pesar y aun con cierto enojo y amargura debido a una división en la iglesia que se llevó, hace solo mes y medio, las dos terceras partes de los que más asisten. Desde que ocurrió esto Dios ha estado tratando de hablarme, pero he estado muy triste y dolido para poder escucharle.

Ayer Dios hizo que usted orara diciendo: «Señor, algunos aquí aun pueden haber escrito sus cartas de renuncia antes de venir a esta conferencia». ¡Casi me caigo del banco! ¡Caramba! ¡Dios no pudo haberme llamado la atención mejor ni aunque me hubiera dado en la cabeza con una viga!

¡Esa noche me fui al hotel y oré, escribí en mi diario, caminé y oré! Dios me habló. Llamé por teléfono al presidente de la junta, quien anteriormente me rogó que no mandara la carta al resto de la junta hasta después de la conferencia. Le di la noticia de que ya no iba a renunciar. Lloró como un bebé y dio gracias a Dios.

# LA DIFÍCIL TAREA DE GUIAR UNA IGLESIA

Este pastor se salvó de dejar su ministerio por la oración que recibió. Pero por cada pastor como él que recibe ayuda en la oración, hay docenas que obran por su propia cuenta. Cada año recibo como mil cartas de pastores. Muchos están desanimados y listos para abandonar el ministerio. Y casi nunca los miembros de sus iglesias no se percatan de las luchas que sostienen.

Bill Hybels dijo en una de sus recientes conferencias que la mayoría de los laicos no tienen idea de lo difícil que es dirigir una iglesia. Cree que la iglesia es la empresa de mayor liderazgo intensivo en la sociedad, más difícil que dirigir un negocio, lo cual también ha hecho. La labor de la iglesia es la de edificar y redimir vidas, un proceso intangible. Los obreros son todos voluntarios que sencillamente pueden retirarse cuando se les disciplina o se les llama a cumplir un compromiso. Y cada vida que Dios llama a que un líder llegue debe alcanzarse de un modo único; en la iglesia no existe la producción en masa. Aun cuando reclute obreros, el líder de la iglesia no puede ofrecer incentivos monetarios ni beneficios. Lo mejor que puede hacer es prometerles trabajos gratis, tiempo alejados de sus familias y, si vamos a guiarnos por las Escrituras, sufrimiento como parte de su recompensa.

# EL MITO DEL PASTOR PERFECTO

Ponga dentro de este penoso ambiente a una persona cuya gente le da muy poca ayuda, pero esperan que sea un gran orador en el púlpito, un organizador y líder increíble en la oficina, y un perfecto esposo y padre en el hogar. Esa es una carga muy pesada para alguien.

En su libro titulado *Pastors at Risk* [Pastores en riesgo], H.B. London cita algunas estadísticas alarmantes de una encuesta hecha a pastores que condujo la institución Fuller en 1991. Este es el resultado de dicha encuesta:

Noventa por ciento de los pastores trabaja más de cuarenta horas semanales.

Ochenta por ciento cree que el ministerio pastoral ha afectado la vida de sus familias negativamente.

Treinta y tres por ciento dice que estar en el ministerio es un peligro absoluto para sus familias.

Setenta y cinco por ciento reporta una crisis significante relacionada con el estrés al menos una vez en su ministerio.

Cincuenta por ciento se siente incapaz de cumplir con las necesidades del trabajo.

Noventa por ciento se siente mal preparado para enfrentar las demandas del ministerio.

Setenta por ciento dice que tiene la autoestima más baja que al comenzar el ministerio.

Cuarenta por ciento reporta un serio conflicto con un miembro al menos una vez al mes.

Treinta y tres por ciento confiesa haber estado involucrado en alguna conducta sexual inapropiada con alguien de la iglesia.

Setenta por ciento no tiene alguien que considere un íntimo amigo.

Estas estadísticas son penosas. Muestran cuán difícil es la lucha para muchos pastores y cuánta ayuda necesitan de usted.

# PROBLEMAS QUE ENFRENTAN LOS LÍDERES DE LAS IGLESIAS

He sido pastor principal de iglesias locales por veinticinco años. Paso tiempo con miles de pastores y líderes de iglesias de más de cuarenta denominaciones cada año, de modo que sé las luchas que tienen. Le diré las cinco dificultades mayores que los pastores enfrentan hoy día:

## 1. Soledad

Las estadísticas que muestran que setenta por ciento de todos los pastores no tienen un amigo íntimo realmente dice mucho acerca de la soledad que estos sufren. La soledad de algunos pastores se debe a que no quieren que la gente sepa lo difíciles que son las cosas. Se niegan a mostrarse transparentes y vulnerables porque piensan que se supone que deben tener todas las respuestas. Otra razón es que el liderazgo, como es natural, tiende a aislar los líderes de los demás. Como siempre digo en mis seminarios: «El que está arriba está solo, así es que más vale que sepa por qué está allí».

## 2. Estrés

Los líderes de las iglesias son extremadamente sensibles al estrés. Todo su trabajo tiene consecuencias eternas y esa puede ser una carga pesada. Son muy visibles. Ellos y sus familias viven como en una vidriera sujetos a comentarios y críticas de cualquiera que los vean. Como mi amigo Peter Wagner dice en *Escudo de oración*: «Al pastor lo observan con cuidado y eso no es ningún secreto. Con solo saber esto, se pone una difícil carga sobre los pastores y ellos necesitan ayuda sobrenatural para resolver bien esta situación».[1]

Hace alrededor de veinte años circuló un artículo humorístico entre los líderes de las iglesias. Se llama «El pastor perfecto». No sé quién lo escribió, pero es una composición maravillosa de lo que la gente espera de cada pastor:

Después de cientos de años se encontró al pastor perfecto. Es el anciano de la iglesia que complace a todos. Predica exactamente veinte minutos y luego se sienta. Condena el pecado, pero nunca hiere los sentimientos de alguien.

Trabaja desde las ocho de la mañana hasta las diez de la noche haciendo de todo desde predicar hasta barrer. Gana cuatrocientos dólares a la semana, da cien dólares semanalmente a la iglesia, maneja un auto de modelo antiguo, compra muchos libros, usa buenas ropas y tiene una familia decente. Siempre se mantiene listo para contribuir con cualquiera otra

---

1. C. Peter Wagner, *Escudo de oración*, Editorial Betania, Miami, FL, 1995, p. 76.

buena causa también, y ayuda a los mendigos que pasan por la iglesia de camino a otro lugar.

Tiene treinta y seis años y ha predicado cuarenta. Es alto, más bien bajo de estatura; corpulento, pero delgado; y es bien parecido. Tiene ojos azules o pardos, según sea el caso, y se parte el cabello al medio, el lado izquierdo oscuro y lacio, el lado derecho castaño y ondulado.

Tiene un deseo ardiente por trabajar con los jóvenes y pasa todo el tiempo con los ancianos. Siempre sonríe aunque manteniendo su rostro severo, porque tiene gran sentido del humor que le halla siempre dedicado con seriedad. Hace quince llamadas al día a miembros de la iglesia, pasa todo el tiempo evangelizando a los que no son miembros y siempre que le necesiten, lo encuentran en su salón de estudio. Desafortunadamente se fundió y murió a la edad de treinta y dos años.

Ya que los pastores aman genuinamente a las personas y quieren ayudarlas, tiran de él en todas direcciones y eso causa estrés.

## 3. Sentido de incapacidad

De acuerdo con la encuesta de las estadísticas de la institución Fuller, nueve de cada diez pastores experimentan un sentido de incapacidad porque no se sienten preparados para el trabajo que realizan. Me imagino que usted se sentiría fuertemente presionado al hallar otra profesión en la que las estadísticas sean tan altas. Como si todo eso fuera poco, algunas familias de pastores se sieten incómodas con su posición en la iglesia. Mi amigo H.B. London, que ministra a pastores por todo el país, recientemente me dijo que en cierta ocasión cuarenta por ciento de las cartas que recibió no eran de pastores, sino de sus esposas. Estaban muy enojadas con Dios, con la iglesia, con las personas y con sus esposos debido a su situación. Cuando los miembros de una familia sienten esta clase de resentimiento, probablemente no den mucho apoyo y eso solo añade aun más al ya existente sentido de ineptitud.

## 4. Depresión

Las presiones del liderazgo, además de la soledad, la tensión y los sentimientos de ineptitud, pueden empujar a los líderes hacia la depresión. Recientemente hice un estudio sobre Elías, el gran hombre de Dios del Antiguo Testamento. Incluso él se deprimió. En 1 Reyes 19.4 dice que después de la experiencia en el monte Carmelo «Se fue por el desierto un día de camino, y vino y se sentó debajo de un enebro; y deseando morirse, dijo: Basta ya, oh Jehová, quítame la vida, pues no soy yo mejor que mis padres». Elías obedeció a Dios haciendo bajar fuego del cielo para mostrar el poder de Dios, degollando todos los falsos profetas de Baal y orando para que cesara la prolongada sequía, pero aun así tuvo deseos de morir. De modo que no nos sorprende que lo mismo suceda a los líderes de nuestras iglesias en el día de hoy.

## 5. Guerra espiritual

Al principio de mi ministerio, sabía muy poco acerca de lo mucho que los líderes cristianos tienen que batallar con el diablo. Pero, a medida que sigo en mi ministerio, descubro que tengo que batallar con Satanás cada vez más y estas batallas ocurren en su mayoría cuando estoy tomando decisiones de importancia. Creo que el maligno observa para hallar el mejor momento para atacar a los líderes cristianos y se mantiene muy activo antes del avance del Reino de Dios, después de una victoria y cuando un líder está sencillamente cansado.

La tentación de Jesús en el desierto es un excelente ejemplo del deseo de Satanás de atacar a los creyentes durante sus tiempos de debilidad. Después de su bautismo en el Jordán, Jesús estuvo en el desierto cuarenta días sin comer y Satanás vio que esta era una gran oportunidad para procurar tentarle. Sabemos que así lo pensó porque en Lucas 4.13 dice: «Y cuando el diablo hubo acabado toda tentación, se apartó de Él por *un tiempo*» (énfasis añadido).

Cada vez que una persona hace cosas positivas para Dios, Satanás tratará de detenerla. Mientras más alto suba por la escalera del liderazgo cristiano, más arriba estará en la lista de ataques de Satanás. Eso quiere decir que los pastores y otros líderes de la iglesia estarán bajo continuo ataque espiritual porque pasan la mayoría de su tiempo trabajando para edificar el Reino de Dios.

# LA ORACIÓN ES LA RESPUESTA

¿Dónde halla el líder de la iglesia ayuda para combatir todas estas dificultades? La respuesta está en la oración. Tiene el poder de conquistar cualquier problema u obstáculo. Jesús lo demostró una y otra vez. Su oración en el huerto de Getsemaní antes de su muerte enfatizó especialmente el poder de la oración. Dijo: «Otra vez os digo, que si dos de vosotros se pusieren de acuerdo en la tierra acerca de cualquiera cosa que pidieren, les será hecho por mi Padre que está en los cielos. Porque donde están dos o tres congregados en mi nombre, allí estoy yo en medio de ellos» (Mateo 18.19-20).

La idea de acompañar en oración no es nueva. Muchas veces en el Nuevo Testamento los líderes cristianos pedían a la gente que orara por ellos y por otros. Pablo, por ejemplo, pedía oración a los romanos (15.30-31), a los efesios (6.18-20), a los colosenses (4.3) y a otros a los que escribió. Sin embargo, la intercesión en oración va mucho más atrás. El primer ejemplo lo encontramos en el Antiguo Testamento, en Éxodo 17.8-13. Cuando los amalecitas atacaron a los hijos de Israel, dos hombres, Aarón y Hur, se pusieron en pie con Moisés, su líder, y le acompañaron con sus oraciones y su apoyo. La Escritura dice:

> Entonces vino Amalec y peleó contra Israel en Refidim. Y dijo Moisés a Josué: Escógenos varones, y sal a pelear contra Amalec; mañana yo estaré sobre la cumbre del collado, y la vara de Dios en mi mano. E hizo Josué como le dijo Moisés, peleando contra Amalec; y

Moisés y Aarón y Hur subieron a la cumbre del collado. Y sucedía que cuando alzaba Moisés su mano, Israel prevalecía; mas cuando él bajaba su mano, prevalecía Amalec. Y las manos de Moisés se cansaban; por lo que tomaron una piedra, y la pusieron debajo de él, y se sentó sobre ella; y Aarón y Hur sostenían sus manos, el uno de un lado y el otro de otro; así hubo en sus manos firmeza hasta que se puso el sol. Y Josué deshizo a Amalec y a su pueblo a filo de espada.

Con la ayuda de Aarón, el hermano de Moisés, y un laico llamado Hur, Josué pudo obtener la victoria contra las fuerzas que trataban de destruir al pueblo de Dios.

# LOS LÍDERES CRISTIANOS NO PUEDEN HACERLO SOLOS

Moisés fue uno de los más grandes líderes que jamás hayan vivido. Hablaba con Dios cara a cara, tal como lo hace alguien con un amigo (Éxodo 33.11). Pero aun así no pudo hacerlo solo. Necesitaba ayuda y aliento. Afortunadamente, Aarón y Hur reconocieron su necesidad y lo ayudaron. Espero que usted reconozca la necesidad del líder de su iglesia y vaya a su lado para apoyarle en oración.

El ministerio nunca es cosa de una sola persona; requiere una labor en equipo. Sin embargo, los estadounidenses tienden a admirar más a individuos robustos que a los jugadores en el equipo. Nos maravillamos de la manera en que un jugador de baloncesto como Michael Jordan anota puntos, pero pasamos por alto la importancia de cómo trabaja con sus compañeros de juego. Admiramos los personajes representados por John Wayne o Rambo tal como los describe Silvestre Stallone, guerreros solitarios que pueden obtener todos los botines del enemigo. El periodista radial Paul Harvey dijo una vez:

Hemos tenido la tendencia a venerar al piloto del avión que hizo la hazaña solo y al doctor rural que nunca abandonó la cabecera de la cama. Tal espíritu de independencia nos vino bien e hizo que creciéramos. Pero nunca hubiéramos llegado a la luna sin un espíritu de interdependencia. Y nunca hubiéramos erradicado la fiebre tifoidea, la viruela ni la poliomielitis sin un esfuerzo de cooperación. Descubrimos que ninguna persona de por sí puede arrancarle el petróleo al fondo del océano. Encontramos que cada vez nos volvemos más interdependientes, no solo en nuestro país, sino en el mundo entero. El espíritu de interdependencia no costará más que su valor. En la escarpada pendiente que tenemos por delante es necesario que nos demos las manos. Y bien podríamos a aprender a disfrutarla.

La necesidad del trabajo en conjunto y la cooperación se hace más evidente para todos y debería ser más evidente para nosotros los creyentes.

En *Escudo de oración*, C. Peter Wagner escribió: «Estoy personalmente convencido de la certeza de la siguiente oración: La fuente de poder espiritual menos usada en nuestras iglesias hoy en día es la intercesión por los líderes cristianos».[2]

Aarón y Hur eran compañeros de oración consagrados y acometedores, listos a ofrecer su ayuda para que su líder llegara a ser todo lo que Dios se propuso que fuera.

- **VIERON LA NECESIDAD.**
- **APROVECHARON EL MOMENTO.**
- **FESTEJARON JUNTOS LA VICTORIA.**

Y esa es la misma clase de ayuda que los líderes de las iglesias necesitan hoy día. El más grande apoyo que alguien puede dar a sus líderes es orar por ellos.

---

2. C. Peter Wagner, *op. cit.*, p. 19.

# CÓMO ORAR POR EL LÍDER

En este momento probablemente esté listo para orar por su pastor, pero quizás no sabe cómo empezar. Los pastores y otros líderes cristianos necesitan oración en los mismos aspectos que usted. Pero también tienen otras necesidades de oración. Hace varios años vi una guía de oración escrita por un pastor llamado Will Bruce, titulada *Pastors Need Prayer, Too* [Los pastores necesitan oración también]. Pensé que tenía pautas excelentes y di copias a todos mis compañeros de oración ese año. Divide las necesidades de oración de los líderes en cuatro aspectos. Aquí se sugieren algunos de ellos tomados de su lista y modificados para su uso:

## Necesidades personales

- **HUMILDAD:** Pídale a Dios que le dé a su líder verdadera humildad, la que incluye tener sentimientos de un siervo, que sea dócil, que admita sus errores, que desee recibir críticas positivas y que confíe en Dios.
- **SABIDURÍA PARA CONOCER EL PLAN DE DIOS:** Los líderes eficaces realizan su labor de acuerdo con los planes de Dios, no los de ellos. Ore para que su líder sea receptivo a la dirección de Dios y que viva y trabaje de acuerdo con las prioridades de Él.
- **RELACIONES POSITIVAS:** Pídale a Dios que ayude a su líder a ser paciente con él y con otros, que interactúe positivamente con las personas difíciles de tratar en la congregación y que trate a todos con amor y respeto.
- **EL FRUTO DEL ESPÍRITU:** Cada cristiano debe anhelar vivir una vida llena del Espíritu. Ore a fin de que su líder tenga amor, gozo, paz, paciencia, benignidad, bondad, fe, mansedumbre y templanza.
- **SALUD:** Pídale a Dios que le dé a su líder buena salud y seguridad cuando viaje.

## Necesidades familiares

- **LA PRIORIDAD DE LA FAMILIA:** Las demandas del ministerio pueden dañar severamente la vida familiar de un líder cristiano. Ore para que el líder de su iglesia haga de su familia su mayor prioridad después de sus relaciones con Dios. Pídale a Dios que dedique tiempo suficiente para estar con ellos y ministre para sus necesidades primero. Si su líder tiene hijos, ore que estos amen a Dios de todo corazón.
- **PROVISIÓN PARA LA FAMILIA:** Pídale a Dios que satisfaga las necesidades de su líder y que le muestre al liderazgo laico de la iglesia cómo pueden proveer mejor para ellos.

## Necesidades espirituales

- **TIEMPO A SOLAS CON DIOS:** Pídale a Dios que la oración, la lectura de las Escrituras y la adoración sean las prioridades diarias en la vida de su líder.
- **UNCIÓN:** Sin el poder del Espíritu Santo un líder no puede hacer nada de valor.
- **INTEGRIDAD:** Su líder lucha con tentaciones al igual que cualquier otra persona. A decir verdad, el enemigo tratará de tentarle más que a otros. Satanás sabe que cuando daña al líder, los seguidores sufren.
- **PROTECCIÓN DE LA GUERRA ESPIRITUAL:** Ore en virtud de que su líder se vista de la armadura de Dios, como se describe en Efesios 6.10-18 y que le dé protección del pecado de la carne, del pecado de los ojos y la vanagloria de la vida (1 Juan 2.16).
- **RESPONSABILIDAD:** Pídale a Dios que traiga a la vida de su líder otros líderes cristianos a los que les puede rendir cuentas.

## Necesidades de la congregación

- **EVANGELIZACIÓN:** Ore para que sus líderes sientan compasión por los perdidos y que haga de la evangelización su prioridad.
- **CRECIMIENTO PERSONAL:** Un pastor que continúa creciendo en su vida espiritual y en su habilidad para dirigir, se está equipando para ayudar a su gente a crecer y desarrollarse.
- **MOVILIZACIÓN DEL LAICADO:** Pídale a Dios que su líder motive y equipe con eficacia a la gente para hacer el trabajo del ministerio.
- **INTERCESIÓN:** Ore para que su líder haga de la intercesión por su gente una prioridad diaria.

# LA GENTE SIGUE AL LÍDER

Santiago 3.1 dice: «Hermanos míos, no os hagáis maestros muchos de vosotros, sabiendo que recibiremos mayor condenación». Creo que Dios juzgará a los líderes a un nivel más alto que a otras personas. Por ejemplo, cuando cursaba el bachillerato conocí a un pastor que dirigía una iglesia creciente y dinámica. Pero entonces su moral decayó. Han pasado treinta años y esa iglesia no se ha recuperado. Debido a su fracaso la iglesia perdió su efectividad.

Quiero alentarle a que ore por sus pastores y los líderes de su iglesia. Al hacerlo así, estará acompañándoles en el ministerio y dándoles protección y poder. Con su ayuda podrán ir a muchos lugares que de otra manera no hubieran podido ir y podrán hacer cosas que de otra manera no hubieran podido hacer solos. Y cuando triunfan, su gente también triunfa. Ese fue el caso de Moisés durante la batalla con los amalecitas y ese puede ser el caso de su líder y usted.

Nunca subestime el poder de la oración por los líderes de la iglesia. Le mostraré otra carta que recibí recientemente. Vino del pastor Roland Schultz después de la conferencia de liderazgo:

El año pasado fui a la conferencia de liderazgo en Atlanta, ya que necesitaba un nuevo comienzo en mi ministerio. Durante los cuatro años anteriores pasé por la prueba de ver mi hijo mayor con cáncer, lo cual, según las indicaciones, tiene cura; por la dolorosa muerte de mi líder laico y de ver cómo el cáncer se llevaba a mi secretaria después de nueve años trabajando conmigo. En ese tiempo el crecimiento anterior de mi iglesia se detuvo. Estaba tan desalentado y deprimido que sabía que necesitaba un nuevo comienzo. Esa conferencia de Atlanta dio nuevo aliento a mi vida y a mi perspectiva del ministerio. A mis cuarenta y cuatro años me siento como si hubiera nacido de nuevo.

El Señor me surtió con cinco nuevos compañeros de oración y a través del año una perspectiva de lo que quiere que haga en el ministerio. Me está llamando a pastorear una iglesia de mil personas que son ministros y no simples asistentes. Me está dando éxito al aconsejar otros pastores y creo que en el proceso cien pastores recibirán influencia. También me usará para ejercer influencia en la fundación de diez nuevas iglesias.

Si comienza a orar por sus líderes hoy, no puede decirse lo que sucederá en su iglesia mañana.

# PREGUNTAS DE DISCUSIÓN

1.  ¿Quién le defendía en su niñez?

2.  Si fuera líder de una iglesia, ¿cuáles de estos problemas comunes que enfrentan los pastores piensa que le afectaría más? ¿Por qué?
    a. la soledad
    b. el estrés
    c. sentimientos de incapacidad
    d. depresión
    e. guerra espiritual

3.  ¿Ha caído alguna vez en la trampa de pensar que su pastor debe ser perfecto? Explique. ¿Cómo esto le afectaría a él?

4.  ¿Cuál es la diferencia entre orar por su líder según su agenda y orar por él según el plan de Dios?

5.  ¿Cómo puede «sostener las manos de su pastor en alto» así como Aarón y Hur lo hicieron por Moisés? Divídanse en grupos de dos o tres para orar por sus líderes.

# 7

# ORE POR SU IGLESIA Y SU POTENCIAL

*Mas no ruego solamente por estos, sino también por los que han de creer en mí por la palabra de ellos, para que todos sean uno.*
*Juan 17.20-21*

Hace algunos años leí una historia relatada por A.M. Hills en *Pentecostal Light* [Luz pentecostal]. Dice así:

El doctor Wilbur Chapman a menudo contaba de su experiencia cuando fue a Filadelfia como pastor en la iglesia de Wanamaker. Después de su primer sermón un caballero mayor se encontró con él en el púlpito y dijo: «Es usted muy joven para ser pastor de esta iglesia tan grande. Siempre hemos tenido pastores mayores. Me temo que no triunfará. Pero ya que predica el evangelio, le ayudaré en todo lo que pueda».

«Lo miré», dijo el doctor Chapman, «y me dije: "Este es un cascarrabias"».

Sin embargo, el caballero continuó diciendo: «Oraré por usted para que reciba el poder del Espíritu Santo; otros dos han acordado en unirse a mí».

Luego, el doctor Chapman contaba los resultados. «No me sentí tan mal cuando supe que iba a orar por mí. Los tres se convirtieron en diez y los diez se convirtieron en veinte; los veinte se convirtieron en cincuenta y los cincuenta en ciento veinte, los cuales se reunían a orar antes de cada culto para que el Espíritu

Santo cayera sobre mí. En otro salón los dieciocho ancianos se arrodillaban para orar. Estaban tan cerca que podía alcanzarles con mis manos a todo mi alrededor. Siempre llegaba al púlpito sintiendo la unción como respuesta a las oraciones de aquellos doscientos diecinueve hombres.

»Era muy fácil predicar, un verdadero gozo. Cualquiera lo haría bajo esas condiciones. ¿Y cuál fue el resultado? Recibimos mil cien miembros por conversión en tres años, seiscientos de ellos eran hombres. Se trataba del fruto del Espíritu Santo como respuesta a las oraciones de ellos. No veo cómo un pastor promedio bajo circunstancias corrientes pueda predicar.

»Los miembros de las iglesias tienen mucho más que hacer que solamente sentarse allí como expectadores curiosos y ociosos para entretenerse y divertirse. Su ocupación es la de orar poderosamente para que el Espíritu Santo cubra al pastor con poder y haga que sus palabras sean dinamita».

¡Qué impacto tan increíble puede causar una iglesia cuando su gente ora! En eso se distinguía la iglesia Skyline durante mi pastorado allí. Hacía que los cultos fueran poderosos, fue la causa de que recibiera la unción y capacitó a la iglesia para dar y recibir increíbles bendiciones.

¿Ha pensado mucho acerca del potencial de su iglesia? ¿Qué lograría si llegara a alcanzar su máximo potencial? ¿Cuántas vidas podrían transformarse? ¿Cuántas almas perdidas vendrían a los pies de Cristo? ¿Cuál sería su impacto? Pablo dijo que la intención de Dios es la de usar la Iglesia para mostrar su sabiduría a todos en el cielo y en la tierra de acuerdo a su propósito (Efesios 3.9-11). ¿Qué parte está tomando su iglesia en ese proyecto?

# EL POTENCIAL DE ALCANZAR AL MUNDO

No hay nada en este mundo que tenga tanto potencial para

ser un instrumento de cambio como la iglesia. El doctor Paul Tillich, teólogo y maestro, dijo una vez:

> La iglesia es un cuerpo potencialmente poderoso que cuenta con los medios necesarios para cambiar el carácter moral del mundo. El hecho de que no esté alcanzando su máximo potencial nos apena. Lo que es posible no se está produciendo ya que, poseyendo la dinamita del evangelio, ha perdido su detonador, es decir, su carácter explosivo. Como resultado de esta inacción, la iglesia que el mundo ve es débil, tímida, dividida y se arrastra en lugar de volar. Teniendo elementos materiales para convertir al mundo, está restringida por su precariedad y estrechez en su visión.

El «detonador» del que carece la iglesia hoy día es la oración. ¡Ella tiene el poder de encender la dinamita del evangelio y estremecer al mundo con poder!

# LO QUE CRISTO QUIERE PARA LA IGLESIA

Jesús reta a la iglesia con directrices claras para conmover y cambiar el mundo al darle la Gran Comisión: «Id y haced discípulos a todas las naciones, bautizándolos en el nombre del Padre, y del Hijo, y del Espíritu Santo; enseñándoles todas las cosas que os he mandado (Mateo 28.19-20). Pero aun antes de eso hizo una oración especial por todos los creyentes que nos incluye a nosotros los que formamos su Iglesia. Horas antes de su crucifixión oró de esta manera:

> No ruego por ellos [los discípulos]; no ruego por el mundo, sino por los que me diste; porque tuyos son ...
>
> Pero ahora voy a ti; y hablo esto en el mundo, para que tengan mi gozo cumplido en sí mismos. Yo les he dado tu palabra; y el mundo los aborreció ... Santifícalos

en tu verdad; tu palabra es verdad; como tú me enviaste
al mundo, así yo los he enviado al mundo ...

Mas no ruego solamente por estos, sino también
por los que han de creer en mí por la palabra de ellos,
para que todos sean uno; como tú, oh Padre, en mí, y
yo en ti, que también ellos sean uno en nosotros; para
que el mundo crea que tú me enviaste. La gloria que
me diste yo les he dado, para que sean uno, así como
nosotros somos uno. Yo en ellos, y tú en mí, para que
sean perfectos en unidad, para que el mundo conozca
que tú me enviaste, y que los has amado a ellos como
también a mí me has amado.

Padre, aquellos que me has dado, quiero que donde
yo estoy, también ellos estén conmigo, para que vean
mi gloria que me has dado; porque me has amado desde
antes de la fundación del mundo (Juan 17.9-24).

La oración de Jesús por la iglesia es un excelente modelo
que debemos seguir cuando oramos por la iglesia. Habló con
confianza sabiendo que su hora había llegado, pero con la
absoluta seguridad de que lo que Él comenzó en la tierra
continuaría a través del cuerpo de creyentes, la Iglesia. Lo que
deseó para ella puede resumirse en tres peticiones de oración:

## 1. Que las personas sintieran la gloria de Dios

Jesús dijo: «La gloria que me diste, yo les he dado» (Juan
17.22). La palabra *gloria* en griego viene de la palabra *doxa*, que
quiere decir la manifestación visible de la gloria, el poder y el
fulgor de Dios. De modo que cuando Jesús ora usando estas
palabras, desea que su pueblo sienta continuamente la gloria, el
poder y el fulgor de Dios en medio de ellos.

Cuando la presencia de Dios baja a su Iglesia, levanta a la
gente espiritualmente y es entonces cuando comienzan a suceder grandes cosas. Por ejemplo, redediqué mi vida a Cristo y
respondí al llamado a predicar a los diecisiete años durante un

avivamiento de siete semanas en nuestra iglesia de Circleville, Ohio. El avivamiento no se planeó, sino que sucedió porque vino Dios. Mientras adoraba vi el gozo y la gloria de Dios reflejada en el rostro de mis padres y me sentí atraído hacia Dios como nunca antes. Tanto que *tenía* que darle mi vida.

Howard Hendricks una vez escribió: «¡La iglesia no necesita más obreros, sino más adoradores! La adoración verdadera es increíble; es la más sublime experiencia que un cristiano pueda tener. Muchos cristianos llegan a los cultos de adoración preocupados por sus problemas o concentrándose en lo que pueden *obtener* allí. Pero cuando la gente se concentra en Dios y le glorifica, Él viene y convierte la iglesia en un lugar de poder. Cuando una iglesia realmente adora, cuando la gente busca realmente complacer a Dios y tener comunión con Él y con otros creyentes, esto atrae a los no creyentes como un imán. En esa iglesia se revela la gloria de Dios.

El verdadero valor de la iglesia no reside en el local donde se encuentra, el pastor ni los programas. Ni siquiera está en las personas. Las iglesias tienen valor porque Jesús está en ellas. Él imparte belleza y poder con su presencia.

## 2. Que sigamos la Palabra de Dios

Jesús también oró para que seamos seguidores de la Palabra de Dios. Dijo: «Las palabras que me diste, les he dado; y ellos las recibieron» (Juan 17.8). Cuando los discípulos recibieron las palabras de Jesús, ella les dio sentido, motivación y una misión a la vida. Eso es lo que Jesús deseó para sus discípulos entonces y lo que desea para nosotros hoy.

Cuando la gente de la iglesia estudia y aprende de continuo las Escrituras, comienza a cambiar. Al comprender que la Biblia es eterna, relevante y está llena de vitalidad, sus vidas cobran un nuevo significado. El modo de apreciar las cosas cambia y se motivan a crecer espiritualmente, renovar y ser obedientes a Dios y a su propósito para la Iglesia.

Tuve una experiencia que ilustra el poder que da seguir la Palabra de Dios mientras estaba en mi segundo pastorado en

Lancaster, Ohio. La nuestra era una iglesia creciente y pude ver que pronto se nos acabaría el espacio. Cuando eso sucede, la iglesia tiene tres opciones: relocalizarse, expandir el local o dejar de crecer. Decidimos expandirnos.

Inmediatamente comenzamos a comprar propiedades alrededor de la iglesia, pero el dueño de una de ellas se había propuesto no venderla. Se trataba del señor Shoup. A pesar de todo lo que dijimos e hicimos, manifestó que no cedería su terreno.

En ese entonces estudiaba el libro de Josué y, cuando leí la promesa que Dios le dio a Josué, me estremecí. Decía: «Os he entregado ... todo lugar que pisare la planta de vuestro pie» (Josué 1.3).

Una vez, como a medianoche, no podía quedarme dormido y ese versículo rondaba en mi mente. Así pues, me levanté, tomé mi Biblia y le dije a mi esposa, Margaret:

—Regreso en una hora.

Vio que andaba descalzo.

—¿Hacia dónde vas? —preguntó con la vista nublada.

—Voy a reclamar la promesa de Josué por la tierra del señor Shoup —le respondí y salí.

Esa noche caminé en puntillas por todos los alrededores de la propiedad de ese señor. Era una noche fría y los perros daban alaridos. Esperaba que de un momento a otro apareciera la policía. Me preguntaba cómo le explicaría lo que hacía allí, merodeando por el vecindario a medianoche, descalzo y con una Biblia. Pensarían que estaba loco.

Pero Dios cumplió su promesa. Continuamos orando y dos meses más tarde el señor Shoup le entregó su corazón a Dios y nos vendió su propiedad. Como resultado, pudimos expandir nuestra iglesia y su ministerio. Isaías 55.11 dice: «Así será mi palabra que sale de mi boca; no volverá a mí vacía, sino que hará lo que yo quiero, y será prosperada en aquello para que la envié». Eso es siempre cierto. No son todas las veces en que veremos personalmente los resultados de la Palabra de Dios, pero ella siempre logra su propósito.

### 3. Que estemos unidos en el amor de Dios

Jesús oró para que todos los creyentes estuvieran unidos a través del amor. Por eso los cristianos llenos del Espíritu, unidos en amor y guiados con un propósito en el que creen, *pueden hacer cualquier cosa*. Pueden estremecer las mismas puertas del infierno. Sin embargo, las iglesias casi carecen de poder cuando no están unidas. Ni pueden encargarse de su propia gente ni puede ser un testigo eficaz para las personas de la comunidad.

Los Cumplidores de Promesas es un increíble instrumento de Dios que promueve la unidad en la iglesia local y entre las iglesias de todas las denominaciones. Como resultado, los hombres han estado orando y apoyando a sus pastores y sus iglesias, se han construido puentes entre las diferentes denominaciones y las barreras raciales y culturales poco a poco van cayendo.

Del trece al quince de febrero de 1996 tuve el privilegio de hablar en la primera conferencia de pastores de Cumplidores de Promesas en Atlanta, Georgia. Más de cuarenta y dos mil pastores de casi todas las denominaciones y culturas vinieron desde todo el país para reunirse en la cúpula de Georgia. Fue el más grande movimiento de Dios jamás experimentado en mi vida. Daba gozo oír al líder del canto entonar el himno ¿Crees que Jesucristo es señor de señores y rey de Reyes? y entonces escuchar a cuarenta y dos mil pastores respondiendo: «Sí, estamos de acuerdo». Mi amigo Max Lucado, escritor y pastor muy dotado, predicó lo que probablemente se recordará como el sermón del siglo, llamando a la unidad entre las iglesias. La experiencia completa fue un vislumbre de lo que el mundo sería si tan solo estuviéramos verdaderamente unidos en el amor de Dios.

### 4. Que llevemos hacia adelante la misión de Dios

Jesús pidió al Padre que nos *santificara* para que pudiéramos estar preparados para ir al mundo al igual que los apóstoles (Juan 17.17-18). La palabra *santificar* significa apartarse y prepararse para una misión especial. Y esa misión es la de llevar las buenas nuevas a los perdidos para que se salven. Cualquier iglesia que haya perdido la perspectiva de esa misión, algún día podrá escuchar las palabras semejantes a las que Dios dijo en Apocalipsis a la iglesia de Éfeso: «Pero tengo contra ti, que has dejado tu primer amor» (2.4).

Debo admitir que no siempre le di a la evangelización el tiempo y la atención que se merecen en mi ministerio. Al llegar a mi primer pastorado en Hilham, Indiana, mi meta era la de fomentar una iglesia grande. Empecé con solo tres personas, pero me metí de lleno en el asunto, trabajé duro y llegué a conocer las personas de la ciudad, la iglesia comenzó a crecer.

Un día Betty, un miembro de la iglesia, llamó y me pidió que visitara a un amigo que estaba en el hospital, así es que fui. Visité a Bob muchas veces y hablamos de todo. Nuestra conversación favorita era referente a los Celtas de Boston, nuestro equipo favorito de baloncesto. Un día después de visitarle al igual que a otras personas en el hospital, llamé a casa antes de ir a la oficina. Margaret se mostró muy callada en el teléfono y le pregunté:

—¿Qué pasa, mi amor?

—Betty me acaba de llamar —dijo—. Bob murió.

—¿Qué? —dije—. ¡Hace cuarenta y cinco minutos estuve con él!

—Lo sé, mi amor, pero se fue —dijo Margaret. Sus palabras quedaron suspendidas en el aire como el sonido de una reja al cerrarse—. Betty quería saber si puedes dar el servicio fúnebre.

—Seguro —dije distraído—. Dile que sí.

Estaba devastado. En ese momento me di cuenta que Bob se había ido al infierno porque tuvo la desgracia de tenerme como su pastor visitante. Durante nuestras conversaciones ni una sola vez le hablé acerca de la salvación.

—Cancela el culto de esta noche —le dije a Margaret—. No puedo enfrentarme a toda esa gente. Necesito tiempo para estar solo.

Oficié en el funeral de Bob. Cuando le vi en el ataúd, me sentí aplastado. Lloré no solo porque sentía dolor por su muerte, sino porque no le había dado el mensaje del evangelio. Fue entonces cuando comencé a luchar con Dios. Durante los meses siguientes comenzó a cambiar mi corazón. Comprendí que mi plan no era el de Dios. Finalmente una noche me arrodillé y se lo entregué a Él en oración. Renuncié a mi deseo de ser un gran predicador y tener una iglesia impresionante, y le pedí a Dios el poder del Espíritu Santo para ser un testigo, un ganador de almas para Cristo.

Y Dios contestó esa oración. Aprendí a dar a conocer mi fe y a convertirme en una ganador personal de almas. Desde entonces, no pasaba una semana sin que alguien en la comunidad se salvara. Un año me comprometí frente a mi congregación a tratar de llevar personalmente doscientas personas a Cristo fuera de la iglesia. No alcancé esa meta por un margen de doce personas, pero aprendí mucho acerca de cómo ganar almas.

Entonces empecé a enseñar a otros a dar a conocer su fe. En mi segunda iglesia en Lancaster, Ohio, preparé y equipé a dieciocho ganadores de almas con gran ardor por Jesús. A ellos se debe el haber ganado mil ochocientas almas para Cristo durante los ocho años de mi ministerio en esa iglesia. Recibimos muchas bendiciones de Dios allí porque creo que la iglesia hizo todo lo posible para llevar a cabo la misión que Dios le había encomendado.

## 5. Que experimentemos el gozo de Dios

Jesús dijo que quiere que tengamos su gozo cumplido en nosotros (Juan 17.13). ¿Qué le da gozo al cuerpo de creyentes? La obediencia a Dios en las cosas que Jesús habló dan gozo: dándole gloria a Dios, obedeciendo su Palabra, estando unidos en amor y llevando a cabo su misión.

Adoniram Judson, un misionero del siglo diecinueve, era conocido por su gozo en el Señor. En 1812, fue a Birmania como misionero lleno del Espíritu Santo y un gran deseo de predicar el evangelio. Se dice que poco tiempo después de haber llegado allí se acercó a un birmano y, sin conocer el idioma, lo abrazó. El hombre fue a su casa y le contó a su familia que había visto un ángel. El rostro de Cristo era tan radiante en el semblante de Judson que los hombres le llamaban «el señor cara de gloria». Ese es el tipo de gozo que Dios quiere que experimentemos y mostremos a otros.

# ¿CÓMO PUEDO ORAR POR LA IGLESIA?

Podemos transformar la iglesia y ayudarla a alcanzar su máximo potencial a través de la oración. Mis compañeros de oración lo han hecho conmigo y usted puede hacerlo también. Aquí hay algunas maneras en que puede comenzar:

## 1. Ore continuamente

El consejo de Pablo a la iglesia de Tesalónica es también uno bueno para nosotros hoy día. Dijo: «Estad siempre gozosos. Orad sin cesar. Dad gracias en todo, porque esta es la voluntad de Dios para con vosotros en Cristo Jesús» (1 Tesalonicenses 5.16-18). Si queremos que nuestra iglesia alcance su máximo potencial y logre su propósito, necesitamos orar por ella siempre.

A través de los años, los que han orado por mí y la iglesia han tenido ideas creativas para recordarse de orar continuamente. Un compañero de oración solía poner la alarma de su reloj para que sonara cada hora día y noche durante un mes. Y otro compañero de oración, Mike Mullert, se colocaba una moneda en su zapato. Cada vez que la sentía oraba por la iglesia y por mí. Realmente no hay límites para todas las cosas que se pueden hacer que nos recuerden orar.

## 2. Ore estratégicamente

Comience orando por las personas y las actividades de la iglesia. Ore a fin de que el pastor reciba unción, las personas se entreguen a Cristo en cada culto, las actividades especiales atraigan a los visitantes, las relaciones se solidifiquen, haya poder en los cultos de oración los miércoles en la noche, se salven los niños de la Escuela Dominical. Esté al tanto de todas las actividades especiales de su iglesia y ore para que tengan éxito.

## 3. Ore geográficamente

Creo que hay gran valor en el acto de moverse físicamente hacia los lugares en los que el ministerio toma lugar en la iglesia y en orar por las personas a las que se les ministra allí. Cuando aún estaba en al pastorado, algunos días solía caminar alrededor de la iglesia pidiéndole a Dios que cubriera el área. Por ejemplo, muchas veces entraba en la guardería infantil e imponía mis manos sobre las cunas y las camitas de los niños orando para que Dios levantara algunos gigantes para el Reino de entre los niños de la iglesia. Tal vez el próximo Billy Graham iba a estar jugando en una de esas cunas la semana siguiente. Y cada domingo antes de los cultos mis compañeros de oración imponían sus manos sobre cada banco de la iglesia pidiendo a Dios que hiciera algo especial por las personas que se sentarían ese día allí.

Dios honra nuestras oraciones ya sea que oremos geográficamente o no. Pero creo que nos ayuda hacerlo porque captamos una mejor idea de aquello por lo que vamos a orar y de cómo hacerlo.

## 4. Ore con poder

Si desea orar con eficacia por su iglesia, ore con poder. Hay dos maneras de hacerlo. Primero, llénese del Espíritu Santo para que tenga el poder de Dios dentro de sí. En segundo lugar, ore de acuerdo con la Palabra de Dios. Cuando ore por su iglesia, use la oración modelo que Jesús nos dio y ore por lo siguiente:

**ORE PARA QUE LOS CREYENTES EXPERIMENTEN LA VERDADERA ADORACIÓN**
- Ore tanto por un derramamiento de la gloria de Dios en su Iglesia como que su pueblo le reconozca, no solo con los labios sino con sus vidas.

- Pida a Dios que se manifieste un espíritu de adoración en su iglesia.
- Pida un avivamiento en las iglesias por toda la nación y en el mundo.

## ORE PARA QUE LOS CREYENTES CONOZCAN, ACEPTEN Y OBEDEZCAN LA PALABRA DE DIOS

- Ore para que se predique la Palabra de Dios continuamente en la iglesia.
- Pida para que haya entendimiento y discernimiento espiritual entre las personas.
- Pida a Dios que haga que la gente obedezca su Palabra.

## ORE PARA QUE HAYA UNIDAD EN LA IGLESIA

- Ore para que haya humildad entre los líderes de la iglesia y el cuerpo de creyentes.
- Ore para que se despierte un espíritu de humildad y arrepentimiento entre los creyentes.
- Pida a Dios que rompa todas las barreras raciales, culturales y denominacionales.

## ORE PARA QUE SE GANEN ALMAS PARA CRISTO

- Pida a Dios que le dé a los líderes de su iglesia la visión de alcanzar a los perdidos.
- Ore por los obreros de la obra, por los creyentes que con firmeza darán a conocer su fe.
- Ore para que las iglesias locales de toda la nación alcancen a los perdidos en sus respectivas comunidades.

## ORE PARA QUE HAYA GOZO EN EL CORAZÓN Y LA VIDA DE LOS CREYENTES

- Pida a Dios que revele el potencial de su iglesia a los líderes y a las personas.

- Pida a Dios que traiga gozo a sus líderes y a las personas de su iglesia.

Cuando ora por su iglesia, comenzarán a ocurrir cosas asombrosas. Le contaré ahora la historia de un amigo mío, un laico llamado Doug Bennett que vive en Michigan. En 1987, Doug y su pastor asistieron a una conferencia donde hablé, llamada «Rompiendo las barreras de los doscientos». Una de las cosas a las que me referí fue al ministerio de los compañeros de oración en Skyline y de cómo se debe a este el éxito que experimentamos.

No conocía a Doug entonces, pero más tarde me dijo que salió del seminario convicto. Se sintió llamado a interceder por su pastor y por la iglesia y se comprometió a orar por su pequeña iglesia de sesenta miembros una hora cada domingo antes de comenzar el culto.

Doug estaba increíblemente entusiasmado con la oración, pero ese entusiasmo cayó en oídos sordos. Cuando le contó al pastor su deseo de convertirse en su compañero de oración personal, a este no le interesaba. Cuando los miembros de la junta directiva de su iglesia se enteraron de su proyecto de oración, la respuesta fue: «Es bueno, pero no esperes que vengamos temprano a la iglesia para orar». Doug no quiso desanimarse; continuó orando. Cuando ese antiguo pastor dejó la iglesia y uno nuevo ocupó su lugar, renovó sus esperanzas. Sin embargo, al abordarle el tema de comenzar un ministerio de oración, el nuevo pastor dijo: «Tenemos un culto de oración los miércoles por la noche y siempre vienen cinco o seis personas. Eso es suficiente».

Así pues Doug continuó orando solo. Desde mayo de 1987 hasta julio de 1991 iba solo al santuario cada domingo y oraba por su iglesia y su pastor. Continuó así por largo tiempo, pero finalmente comenzó a dudar.

«Dios mío», pidió en su oración del domingo en la mañana, «¿puede una sola persona ser determinante? ¿O es que soy el mayor tonto de este lugar?» Luchó con esa pregunta durante dos semanas. Y finalmente Dios le dio la respuesta. Era hora de irse para otra iglesia, pero Doug no sabía dónde.

Doug y su esposa, Sherry, se fueron de aquella iglesia amistosamente y comenzaron a buscar un nuevo lugar al que Dios les mandara. Unos meses más tarde la hallaron y en enero de 1992 se hicieron miembros de ella. Fue entonces cuando Doug comenzó a pedirle a Dios cuál sería el papel a desempeñar en su nuevo lugar. Obtuvo el mensaje muy claro: Debía interceder por ese pastor y su iglesia. Sería el «Bill Klassen» de su pastor, es decir, su compañero de oración e intercesor personal.

Inmediatamente Doug hizo una cita con su pastor, Bill Rudd. Cuando se encontraron, Doug le dijo: «Pastor, sé que no me conoce realmente, pero Dios me trajo aquí para ser su intercesor personal y para rodearle con compañeros de oración».

Bill Rudd abrió los ojos muy asombrado y Doug pudo ver que casi se cae de su asiento. «Espere un momento aquí», dijo. Se levantó rápidamente sacó algo de un archivo cercano. «Este es el informe anual del año pasado. Lo escribí en diciembre. Déle una hojeada a este asiento en la página tres», dijo. Doug miró lo que había escrito como una de sus metas para 1992. Decía: «Pido a Dios que reclute un grupo de "COMPAÑEROS DE ORACIÓN PARA EL PASTOR"».

Entonces fue Doug el que casi se cae del asiento. Por cuatro años Dios le estaba preparando y equipando para acudir en ayuda de su pastor.

Por los siete meses siguientes ambos se reunían semanalmente para orar juntos. Doug intercedía por Bill y también comenzó a orar para que Dios les trajera cuarenta compañeros de oración. Luego, en septiembre de ese año, celebraron un retiro de un día para empezar el ministerio de los compañeros de oración. Asistieron setenta y cinco hombres al retiro y cuando este terminó, pidieron a los hombres interesados que firmaran una tarjeta de compromiso para orar por Bill y la iglesia el siguiente año. Cuando Doug contó las respuestas, habían exactamente cuarenta y ocho.

Ese fue el año en que la iglesia dio un vuelco. Antes de comenzar el ministerio de los compañeros de oración su iglesia se había estancado en quinientas personas. Pero en cuanto sus compañeros de oración comenzaron a orar, la iglesia comenzó a crecer. En los tres años y medio siguientes la iglesia triplicó su membresía de quinientos hasta casi mil quinientas personas. Además, la iglesia tiene una situación financiera mejor que la que ha tenido en sus ochenta años de historia. El ministerio del laicado también creció y se fortaleció.

Doug y Bill le atribuyen todos los cambios positivos experimentados en su iglesia a la oración. Y otras iglesias, al oír y ver sus éxitos, le han pedido a Doug y Bill que les ayuden a comenzar un ministerio de compañeros de oración. ¡Hasta el momento han ayudado a más de cien iglesias!

Las oraciones de Doug Bennett recibieron respuestas. Y como resultado, su iglesia recibió bendición. Cada día crece más hacia su potencial. Y lo mismo puede suceder en su iglesia. Cuando comience a orar, Dios comenzará a obrar. Y pueden suceder milagros cuando tiene un equipo completo orando. Cómo se hace esto es el tema del próximo capítulo.

# PREGUNTAS PARA DISCUSIÓN

1. ¿Ha experimentado u oído alguna historia como la de Doug Bennett en la que alguien oró por la iglesia y entonces tuvo el privilegio de ver la oración contestada? Describa lo sucedido.

2. De entre las cosas que Jesús oró por su iglesia, ¿cuál disfrutaría más de ver realizada en su iglesia? ¿Por qué? Ver las personas de la iglesia:
   a. sentir la gloria de Dios
   b. seguir la Palabra de Dios
   c. unirse en el amor de Dios
   d. avanzar en la misión de Dios
   e. experimentar el gozo de Dios

3. ¿Qué sucedería si su iglesia alcanzara su máximo potencial? Descríbalo.

4. Nombre algunas maneras en que puede orar estratégica y geográficamente por su iglesia.

5. ¿Por qué aspecto de su iglesia Dios le está llamando a orar? Divídanse en grupos pequeños y oren juntos por su iglesia.

# 8

# ORGANICE UN EQUIPO DE COMPAÑEROS DE ORACIÓN

*Porque donde están dos o tres congregados en mi nombre,*
*allí estoy yo en medio de ellos.*
*Mateo 18.20*

A rthur J. Moore era un obispo metodista a principios de este siglo. Pero antes de servir en ese cargo, pastoreó algunas de las iglesias metodistas más grandes del sur. Era un evangelista firme y de éxito, y cada domingo que predicaba, al menos una persona se convertía.

Un día antes de comenzar el servicio de adoración, un amigo le visitó y le preguntó:

—¿Por qué tienes tanto éxito?

—Ven conmigo —dijo Moore.

Llevó al visitante al sótano donde había un grupo de personas reunidas en oración. Había setenta hombres orando fervientemente por él y por el servicio de adoración que estaba a punto de comenzar.

Cuando los compañeros de oración terminaron, subieron en silencio las escaleras hacia el servicio. Moore se volvió a su amigo y dijo:

—Fíjate dónde se sientan —continuó Moore.

—¿Qué quieres decir? —le preguntó al observar cómo se diseminaban por todo el santuario.

—Mira —dijo Moore—. Los lugares en que cada uno de ellos se sientan se transforman en algo así como el centro de un calor divino que, cualquiera que esté sentado a su lado congelado en su pecado, está sujeto a descongelarse antes del que el servicio termine.

Cuando un grupo de personas levanta su iglesia y se asocia con su líder en oración, suceden cosas increíbles. La Biblia está llena de ejemplos de lo que ocurre cuando las personas se agrupan en equipo. Por ejemplo, en Mateo 18.19-20 Jesús dijo: «Otra vez os digo, que si dos de vosotros se pusieren de acuerdo en la tierra acerca de cualquiera cosa que pidieren, les será hecho por mi Padre que está en los cielos. Porque donde están dos o tres congregados en mi nombre, allí estoy yo en medio de ellos». ¡Qué increíble promesa! Nos asegura que hay poder en la oración colectiva. Y al aumentar el número de personas que oran, también aumenta el poder de sus oraciones. Como dice en Deuteronomio 32.30: «¿Cómo podría perseguir uno a mil, y dos hacer huir a diez mil, si su Roca no los hubiese vendido, y Jehová no los hubiera entregado?» Dios está con nosotros cuando oramos juntos y lo que suceda como resultado puede ser asombroso.

# BENEFICIOS DE UN MINISTERIO DE COMPAÑEROS DE ORACIÓN

Supongo que tal vez reconozca el beneficio de reunir un grupo de personas para orar juntas. Pero quizás se esté preguntando si debería dar los pasos adecuados para formar un verdadero ministerio de compañeros de oración en su iglesia. Quiero despejar cualquier duda que le pueda quedar diciéndole unos cuantos de los beneficios específicos que recibirá al tener ese ministerio en su iglesia.

- **CONVIERTE LA ORACIÓN EN LA PRIORIDAD DE SU IGLESIA:** La mayoría de las iglesias enseñan la importancia de la oración y animan a las personas a orar. Pero, reconozcámoslo, la mayoría no tiene un ministerio eficaz ni organizado. Ponen la oración en un segundo plano porque la mayoría de la gente no lo ve como algo vital ni estimulante. Sin embargo, en cuanto una iglesia tiene un ministerio de compañeros de oración, las personas comienzan a entender la importancia de la oración y la emoción de ser testigos de las respuestas de Dios, sobre todo si el pastor le da a este ministerio una amplia perspectiva. Cuando la congregación cobra entusiasmo y empieza a hablar con Dios cada vez más, la oración marcha adelante desde un segundo plano para convertirse en la prioridad al rojo vivo.

- **CREA UN EQUIPO DE LÍDERES ESPIRITUALES:** Usted aprende mucho de las personas cuando ora con ellas, sobre todo acerca de su madurez espiritual. Descubrí que eso es cierto cuando oraba con mis compañeros de oración cada semana. También encontré que cuando las personas oraban por mí, comenzaban a desarrollar sentimientos por Dios como los míos. Como resultado, a menudo me tornaba hacia los compañeros de oración cuando quería desarrollar personas para el liderazgo dentro de la iglesia. Por ejemplo, todos los que llegaron a ser miembros de la junta directiva local de Skyline durante mi ministerio fueron compañeros primero. Algunos de ellos aún continúan trabajando a mi lado en el ministerio actual de INJOY.

- **REALZA EL MINISTERIO PERSONAL DE LOS LÍDERES:** El único líder de la historia que no necesitó que otros oraran por Él fue Jesús. Oró por sí mismo y cuando Dios intercede, no se necesita a nadie más. Sin embargo, los demás se pueden beneficiar del ministerio de los compañeros de oración. El pastor que tiene a otros orando por él, tiene el potencial de llegar más lejos que si lo hace solo.

- **BENDICE A LOS COMPAÑEROS DE ORACIÓN:** Quienes llegan a pertenecer al ministerio de compañeros de oración crecen espiritualmente y se acercan más a Dios. También desarrollan fuertes vínculos con otros. El compañero de oración de Skyline, Larry Doyle, dijo: «A través de los compañeros de oración me reuní con personas con las que nunca había almorzado, ni jugado golf, ni ninguna otra cosa. Sin embargo, en los compañeros de oración disfrutamos de amor mutuo. No hay mejor manera de desarrollar relaciones como esas tan rápidamente». La oración en equipo es una situación en la cual uno siempre sale ganando.

- **CREA UNA ATMÓSFERA EN LA QUE DIOS PUEDE OBRAR:** Durante los últimos años tuve el privilegio de hablar a miles de personas en conferencias, seminarios, iglesias y aun en los estadios. Una y otra vez he visto a Dios hacer grandes cosas. Pero no por mí. La atmósfera de franqueza hacia Dios de la que he sido testigo se creó por las peticiones e intercesión de mis fieles compañeros de oración. Como resultado, Dios ha podido obrar. Esa protección de oración continúa hoy día. Aunque ya no tengo los ciento veinte compañeros de oración en la iglesia de Skyline orando por mí, ahora hay más de trescientos compañeros de oración orando todos los días por mí en INJOY. Y las bendiciones continúan.

# CÓMO COMENZAR UN MINISTERIO DE COMPAÑEROS DE ORACIÓN

Debido a que los ministerios de compañeros de oración que me han apoyado han sido grandes y poderosos, pensará que un ministerio de compañeros de oración en su iglesia es una tarea muy grande. No lo es. Si cree en el poder de la oración, puede hacerlo. Aquí hay algunas pautas para comenzar:

## 1. Lleve a su pastor a bordo

El paso más crítico de dar al crear un ministerio de compañeros de oración es lograr la participación de su pastor. Recordará lo que le sucedió a Doug Bennett cuando abordó los pastores que se negaron a participar en este ministerio (véase el capítulo siete). Más tarde Dios respondió las oraciones de Doug, pero tuvo que trasladarse para otra iglesia. Quizás sea posible comenzar un ministerio de compañeros de oración sin la bendición del pastor, pero nunca he visto que pase eso.

Si es un laico, comience pidiendo a Dios que le muestre a su pastor su necesidad de oración y que le haga receptivo al ministerio de compañeros de oración. Y cuando crea que es el tiempo adecuado, presente al pastor el plan. Si es pastor, examine su corazón: ¿Quiere dejar que los laicos de su iglesia se pongan de su parte y le acompañen en oración? Si es así, a usted y a su iglesia le esperan días asombrosos.

## 2. Desarrolle un compañerismo de oración personal de pastor a laico

Antes de desarrollar un ministerio de compañeros de oración, se necesita establecer una relación, la que debe existir entre el pastor y un laico consagrado que se convertirá en su intercesor personal y un socio al que le ha de rendir cuentas. Esta relación crítica la puede iniciar el laico, como lo fue en el caso de Bill Klassen por mí y la de Doug Bennett por Bill Rudd, o puede iniciarla el pastor. Los ministerios de compañeros de oración más eficaces comienzan con una relación personal entre estas dos personas y luego crecen paulatinamente.

El laico que acompaña al pastor debe querer hacer tres cosas por él fiel y alegremente:

- **APOYAR AL PASTOR Y LA IGLESIA:** La persona debe tener una visión para el ministerio del pastor, ser devoto a su liderazgo, apoyarlo personalmente y tener amor por la iglesia.
- **INTERCEDER POR EL PASTOR:** Debe sentir un fuerte deseo de interceder por el pastor y orar por él todos los días.
- **PEDIRLE CUENTAS AL PASTOR:** Debe estar dispuesto a desarrollar una relación de responsabilidad mutua en la que ambos puedan decirse cosas confidencialmente y con sinceridad. Este tipo de relación necesita tiempo para desarrollarse, pero las semillas de la confianza deben estar ahí al principio.

Y, por supuesto, el pastor y el laico deben ser del mismo género. Nunca debe permitir que se desarrolle una relación íntima de oración entre miembros de sexos opuestos a menos que, lógicamente, ambos estén casados entre sí.

La responsabilidad de rendir cuentas es una parte importante en la relación entre el pastor y el compañero de oración personal. Cuando Bill Klassen y yo nos conocimos siendo todavía pastor de Skyline, siempre me hacía estas cinco preguntas:

- ¿Tienes algún mensaje nuevo del Señor recibido durante tu período personal con Él?
- ¿Estás obedeciendo cada palabra de Dios?
- ¿Estás abusando de tu autoridad en la iglesia?
- ¿Es pura tu manera de pensar?
- ¿Has mentido sobre alguna de las preguntas anteriores?

Al desarrollar su propia relación, confeccione su propia lista de preguntas que se dirigen a los aspectos por los que ambos necesitan rendir cuentas y orar. Descubrirá que la responsabilidad no solo le fortalece para desarrollar su ministerio, sino que edifica sus relaciones y el deseo de orar el uno por el otro.

## 3. Reclute compañeros de oración adicionales

Una vez establecida una firme relación entre el pastor y su intercesor personal y compañero al que rendir cuentas, es hora de comenzar a buscar otros para que se unan al equipo. No está mal comenzar poco a poco. Si su iglesia es pequeña, podrá buscar otros dos o tres que deseen orar. O tal vez podrá conseguir siete y así cada uno intercederá un día de la semana. Empiece por donde sea, al crecer y hacerse más visible el ministerio de compañeros de oración en la iglesia, más personas se animarán a participar.

Acostumbraba hacer un número de cosas para que los compañeros de oración se distinguieran bien en Skyline. Por ejemplo, a menudo hablaba de ellos desde el púlpito agradeciéndoles y alabándoles por su dedicación. Y cada domingo uno de ellos oraba durante el ofertorio y así siempre estaban frente a la congregación.

Hallé que la mejor manera de establecer un núcleo de personas para orar era programando un retiro anual de compañeros de oración al que invitaba personas que podían asistir. Véase el apéndice A para recibir información acerca de cómo planear un retiro de compañeros de oración. Al decidir a quién invitar al retiro, mi compañero de oración personal y yo fijábamos como objetivo cuatro tipos de personas:

- **LISTA DE PRIORIDAD:** Siempre invitábamos personas de la iglesia que sentían el ardor de Dios. Muchos eran personas mayores que habían andado en sus caminos por muchos años. Personalmente me agradaba incluir a los santos de pelo gris. Algunos de ellos podrían haber carecido de fuerzas físicas, pero poseían una gran fortaleza espiritual.
- **LISTA DE PROBABLES:** Aprender a orar con más eficacia puede transformar la vida de un cristiano. A menudo cuando identificábamos cristianos carentes de madurez, pero en quienes vimos el deseo de crecer, le pedíamos que formaran parte del equipo de oración.

Estando cerca de los líderes que tienen más experiencia espiritual ayudaba a los menos maduros a aprender y crecer.

- **LISTA DE ESPERANZA:** Mi lista de esperanza consta de personas con tremendo potencial de liderazgo a las que quise dar tiempo para crecer. Pablo advertía a Timoteo para que no situara a nadie en posiciones de liderazgo muy pronto (1 Timoteo 3.6). Ese es un buen consejo. Llegaba a conocer bien a mi gente orando por un año con ellos antes de pedirles que fueran líderes. Orando juntos con regularidad podía sentir si sus corazones estaban bien con Dios y si estaban listos para ocupar una posición de liderazgo.

- **LISTA DE OPORTUNIDAD:** Finalmente, además de seleccionar un tipo particular de personas para invitarlas al retiro, también abríamos la oportunidad para cualquiera de la congregación que deseara participar. Y muchas veces Dios ofreció fieles guerreros de oración que de otra manera hubieran pasado inadvertidos. Sin embargo, si va a comenzar con un grupo muy pequeño de compañeros de oración, va a querer esperar hasta que el ministerio esté firmemente establecido y en crecimiento antes de dar la oportunidad a todos en la congregación. En su libro *Escudo de oración*, mi amigo C. Peter Wagner señala que la oración y la intercesión «parecen ser un imán para las personas con trastornos emocionales». Por lo tanto, debe usarse la discreción sobre todo cuando se está empezando.

Después de determinar a quiénes invitar, celebrábamos el retiro anual en el que todos pasaban el día orando y aprendiendo acerca de la oración. Al final del día repartíamos las tarjetas de compromiso y permitíamos que las personas decidieran si Dios les estaba llamando a convertirse en un compañero de oración para el año siguiente. Véase en el apéndice C un modelo de planilla de compañeros de oración. Todo el que la llenaba aceptaba los siguientes compromisos:

1. Hacerse miembro de la iglesia si aún no lo era.
2. Asistir a los desayunos trimestrales de compañeros de oración.
3. Asistir al retiro anual de compañeros de oración.
4. Orar diariamente por la iglesia y su personal. Orar por las necesidades específicas en algún día asignado de la semana o del mes. Véase el apéndice C para más sugerencias.
5. Asistir a la iglesia cada domingo asignado para unirse a otros compañeros de oración y orar por el pastor, la iglesia y el servicio.

Debo hacer notar en este punto que aunque los compañeros de oración actuales son tanto hombres como mujeres, cuando era pastor principal de la iglesia Skyline, solo invitaba a hombres para ser mis compañeros de oración. No era porque dejara de reconocer la habilidad de las mujeres para orar. A decir verdad, en la mayoría de las iglesias las mujeres oran más que los hombres. Mi decisión tenía dos motivos: Primero, porque los hombres muchas veces han descuidado el dar un paso al frente como líderes espirituales de por sí; quise implementar el ministerio de los compañeros de oración para ayudarles a desarrollarse espiritualmente. Segundo, porque siempre he tenido cuidado especial de evitar situaciones que quizás me tienten moralmente. No oro, como ni viajo solo con alguna persona del sexo opuesto excepto con mi esposa, Margaret. Nunca quiero ponerme a mí ni a mis compañeros de oración en una posición embarazosa ni en un lugar donde podrían ser tentados.

Al formar un ministerio de compañeros de oración quizás no crea necesario restringir el equipo a solo hombres o mujeres. Pero si decide tener en él miembros del sexo opuesto orando juntos, sea receptivo a estos asuntos.

## 4. Organice los compañeros de oración

Una vez que tenga un grupo de personas con el deseo de orar, es importante organizarlos para que oren con más eficacia.

En Skyline la persona que desempeñaba este papel era el coordinador de compañeros de oración. Facilitaba liderazgo administrativo al equipo y actuaba como el primer vínculo de comunicación entre el pastor y los compañeros de oración. Por muchos años Bill Klassen, mi compañero de oración personal, desempeñó este papel. Más tarde Bill Laugaland, miembro de la junta directiva y amigo, y después Dennis Suchecki supervisó el ministerio.

La persona que lógicamente debe desempeñar ese papel es por lo general el compañero de oración personal del pastor, pero puede escogerse alguien más. Lo importante es que se reconozca a esa persona como un líder espiritual de una vida de oración sólida, que sienta amor por el pastor y la iglesia y tenga habilidades organizativas. Sus deberes primordiales incluyen crear horarios de oración mensuales y guías para informar a los compañeros de oración cuándo y cómo orar, comunicar necesidades de oración y alabanzas, y ayudar al pastor y a su personal con los desayunos trimestrales y retiros anuales. Véase en el apéndice C modelos de horarios y cartas.

## 5. Planee que los compañeros de oración oren por cada servicio

La base esencial de cualquier ministerio de compañeros de oración es el tiempo dedicado a la oración antes y durante cada servicio de la iglesia. Cada domingo un grupo debe venir a la iglesia entre cuarenta y cinco minutos y una hora antes de comenzar el servicio, según el horario del coordinador de compañeros de oración. Una vez allí, deben hacer lo siguiente:

- **ORAR GEOGRÁFICAMENTE:** Durante los primeros veinticinco minutos aproximadamente deben poner sus manos sobre todo lo que está en el santuario: el púlpito, el piano y los bancos, pidiendo a Dios que haga que todo obre de acuerdo con su plan y que bendiga y ministre a las personas que pronto van a estar allí.

- **ORAR POR EL PASTOR:** Veinticinco minutos o algo así antes de que el culto empiece, deben trasladarse a un área privada con el pastor, quizás su oficina, para orar por él. Antes de comenzar, el pastor debe decirles cualquier petición que tenga y contarles de algunas respuestas a oraciones que haya recibido.
- **ORAR DURANTE EL SERVICIO DE LA IGLE-SIA:** Cuando comience el servicio, los compañeros de oración deben retirarse a un área cerca del santuario y orar por este. Cuando mis compañeros de oración comenzaron en Skyline, tenían dificultades en orar por una hora, por lo tanto comenzamos dejándoles a ellos un plan de oración. Véase en el apéndice C una muestra de la guía de oración del domingo en la mañana. Con el correr del tiempo ganaron confianza y su período de oración se hizo más espontáneo.

## 6. Mantenga el ímpetu de la oración vigente

Para mantener el ministerio de compañeros de oración vivo hacen falta varias cosas: Instrucción periódica en la oración, el desarrollo progresivo de las relaciones y la continua motivación para orar. En Skyline logramos esas metas a través de nuestros retiros anuales y los desayunos trimestrales de los compañeros de oración. Véase en el apéndice B cómo planear un desayuno trimestral. Cada vez que nos reuníamos enseñaba una nueva lección, y apartábamos tiempo para que todos se reunieran y oraran con otros compañeros de oración. Nos contábamos unos a otros las respuestas recibidas a nuestras oraciones y elogiábamos a cada uno por sus valiosas contribuciones. Ben Grame, un compañero de oración, dijo: «Siempre me sentí animado en las reuniones porque John reconocía el mérito de las personas. Su sentido de apreciación me hacían querer avanzar en la oración».

Nada motiva tanto como la victoria, y cuando comience un ministerio de compañeros de oración, experimentará muchas victorias.

Recientemente le pedí a Doug Bennett que me contara algunas de las cosas que pasaron desde que comenzó un ministerio de compañeros de oración con su pastor, Bill Rudd, en Michigan. Me contó sobre los maravillosos beneficios de la iglesia y del pastor.

—Hay una unidad en la iglesia como la que jamás hemos visto —dijo—. La gente trabaja junta como en un equipo. Las generaciones tanto antiguas como nuevas se están uniendo y conociendo mejor. Y la vida del pastor cambió; ya no siente que está llevando la carga solo. Está experimentando mayores victorias sobre la tentación y está predicando con mayor poder y libertad.

—¿Y las personas que oran? —pregunté.

—Ah, sus experiencias han sido maravillosas —respondió—. El impacto que este ministerio ha ejercido sobre cada vida es algo que nunca esperé. Cuando hablé por primera vez acerca de comenzar un ministerio de compañeros de oración, me dijeron: «Tendrá muchas personas deseosas de orar, mas no espere hombre alguno». Sin embargo, los hombres sí dieron un paso al frente para orar, y he visto tremendos cambios en los matrimonios y en las familias. Han desarrollado relaciones a un nivel mucho más profundo que hablar simplemente de resultados de los juegos de béisbol. A propósito, en solo meses han establecido relaciones que normalmente necesitan décadas en desarrollar. ¡Es increíble!

Entonces me contó un testimonio que recibió recientemente de un compañero de oración. Dice así:

Hace un año que me uní a los compañeros de oración y mi vida ha cambiado: mi matrimonio se ha solidificado, mi situación económica ha mejorado y mi vida espiritual ha madurado. Mediante la oración he vuelto a comprender que Dios es real, que Jesús es real y que mi vida anterior no era lo que quería.

Me siento ahora mucho más feliz que antes. Mi vida de oración es mucho mejor que nunca. Es muy emocionante orar por otros necesitados y observar cómo Dios obra milagros que nunca creí posibles. La Biblia nos dice que todo lo que necesitamos hacer es pedir para recibir. El mundo está lleno de personas que ni saben a quién pedir, ¡ni mucho menos cómo!

Cuando me involucré como compañero de oración, no tenía idea de cuán poderosa puede ser la oración. Los resultados de mi oración personal han sido increíbles. No me los hubiera imaginado ni en el más fantástico de mis sueños. Oro diariamente para que este ministerio llegue hasta el último rincón de este país y que el mismo vuelva a ser una tierra que teme a Dios.

Creo que Dios está comenzando a contestar esa oración. E incluso usted puede ser parte de ella. Si su iglesia y su pastor ya tienen un ministerio de compañeros de oración, involúcrese. Y si no, tal vez usted sea el que comience uno en su iglesia. Piénselo y comience a orar. Quizás sea el deseo de Dios contestar la oración de este hermano en Cristo enviándole a *usted*.

# PREGUNTAS DE DISCUSIÓN

1.  ¿Cómo un ministerio de compañeros de oración cambiaría su iglesia? ¿Qué podría ver que sucediera?

2.  Si su pastor estuviera considerando la posibilidad de invitarle a un retiro de compañeros de oración, ¿estaría en la lista de los matriculados? De ser así, ¿en cuál? ¿Por qué?
    a.  La lista de prioridad (los que sienten el ardor de Dios)
    b.  La lista de los probables (los que necesitan crecer como cristianos)
    c.  La lista de esperanza (un líder en potencia que necesita crecer)
    d.  La lista de oportunidad (que tienen el deseo de orar por el pastor)

3.  ¿Cuál es la más alta prioridad que a su juicio la oración debe ser en su iglesia en la actualidad?
    a.  hirviendo a todo fuego
    b.  hirviendo a fuego lento
    c.  tibio en un segundo plano
    d.  congelado, ni siquiera en un segundo plano

4.  ¿Cómo ayudaría a encender el fuego de su iglesia con oración?

5.  ¿Qué haría falta para comenzar un ministerio de compañeros de oración en su iglesia? ¿A quién se llamaría para dar un paso al frente y comenzar el proceso?

# EPÍLOGO: ANTICIPE UN AVIVAMIENTO

*Si se humillare mi pueblo, sobre el cual mi nombre*
*es invocado, y oraren, y buscaren mi rostro, y se convirtieren*
*de sus malos caminos; entonces yo oiré desde los cielos,*
*y perdonaré sus pecados, y sanaré su tierra.*
*2 Crónicas 7.14*

¿Qué haría falta para que Dios llegara a cada rincón de este país y lo convirtiera en una tierra que teme a Dios de nuevo? Creo que la respuesta es el avivamiento. Mencioné en el capítulo 7 que redediqué mi vida a Cristo y respondí al llamado a predicar en un avivamiento de siete semanas en mi iglesia de Circleville, Ohio. Sucedió cuando tenía diecisiete años. Nunca olvidaré como fue: En esas semanas más de trescientas personas se salvaron.

Hoy día los cristianos hablan mucho del avivamiento y de cuánto se necesita; es casi un tema obligado en algunos grupos. Pero, ¿qué es realmente? ¿Lo necesitamos de veras? Una vez leí esta definición: «El avivamiento es algo que nadie puede explicar, pero cuando llega, todos lo saben».

El doctor Armin Gesswein lo vio de esta manera:

> El avivamiento que necesitamos es sencillamente un regreso a la cristiandad normal del Nuevo Testamento en el que las iglesias siempre están llenas de oración, de poder, de personas, de alabanza y de acontecimientos divinos. Queremos algo normal, no tan solo «especial». Dios es normal, eso es todo. Lo normal de Dios es mayor que todo lo especial nuestro en conjunto.

El avivamiento no es un proceso que la gente puede usar para manipular a Dios. No podemos *planear* un verdadero avivamiento, pero podemos *buscarlo*. He descubierto que el avivamiento ordenado por Dios sigue un patrón. Esta es mi observación:

1. Las personas oran.
2. Dios viene.
3. La gente se arrepiente.
4. Dios aviva a las personas.
5. Las personas comienzan a ministrar a otras y dedican sus vidas para servir a otros.
6. Dios las equipa y llena de poder, en lo cual está lo sobresaliente.

El avivamiento puede venir, pero todo comienza con la oración.

Cada vez que Dios va a hacer algo maravilloso, comienza con una dificultad. Cuando va a hacer algo *muy* maravilloso, comienza con una *imposibilidad*. Si mira a su alrededor hoy, creo que estará de acuerdo en que nuestro país parece estar en una situación imposible. Solo Dios podrá salvar nuestras iglesias, nuestras familias y nuestra nación. Y vendrá si comenzamos a orar. Es hora de empezar.

# Libere el poder de Dios mediante el ayuno
## por Bill Bright

Una discusión sobre la oración no estaría completa sin incluir su acompañante de importancia en la Biblia: el ayuno.

La combinación del ayuno con la oración puede resultar en una bomba atómica espiritual que echa abajo fortalezas espirituales y libera el poder de Dios en su vida y en la vida de su iglesia, pastor, líderes y miembros.

A través de los siglos la gente buena que ha hecho cosas poderosas para el Señor ha testificado de la necesidad de unir la oración con el ayuno. John Wesley, quien sacudió el mundo para Dios durante el gran avivamiento que dio origen a la iglesia metodista a finales del siglo dieciocho, representa uno de esos grandes líderes espirituales.

John Wesley y su hermano Charles, junto con su amigo George Whitefield y otros creyentes, ayunaban regularmente y oraban cuando estudiaban en la universidad de Oxford en 1732. Estos cristianos «plebeyos» estudiaban y adoraban en medio de jóvenes aristócratas burlones que les apodaron «el club de los santos». Después de experimentar el poder espiritual del ayuno y la oración, llevaban esta disciplina a sus históricos ministerios.

John Wesley creía tanto en este poder que instaba a los primeros metodistas a ayunar y orar cada miércoles y viernes. Estaba tan firme en su idea acerca del ayuno en esos dos días de la semana que rehusaba ordenar al ministerio metodista a todo aquel que no estuviera de acuerdo en esto.

La lista de otros grandes líderes cristianos determinados a hacer de la oración y el ayuno parte de sus vidas aparece en el museo conmemorativo: Martín Lutero, Juan Calvino, Juan Knox, Jonathan Edwards, Matthew Henry, Charles Finney, Andrew Murray, D. Martyn Lloyd-Jones y muchos más.

¿Por qué estaban tan convencidos de la necesidad de ayunar y orar? ¿Y cómo el ayuno causa que el fuego de Dios se derrame en la vida de un individuo y de la iglesia?

# NUESTRA NECESIDAD DE AYUNAR

Los escritos de la Biblia, los padres de la iglesia y muchos líderes cristianos de hoy ofrecen algunas revelaciones bíblicas en cuanto a la necesidad de ayunar:

- **ES LA MANERA BÍBLICA DE HUMILLARNOS ANTE LOS OJOS DE DIOS (SALMO 35.13; ESDRAS 8.21).**
- **REVELA POR EL ESPÍRITU SANTO LA VERDADERA CONDICIÓN ESPIRITUAL DE LA PERSONA, DANDO COMO RESULTADO QUEBRANTAMIENTO, ARREPENTIMIENTO Y CAMBIO.**
- **ES UN MEDIO CRUCIAL PARA UN AVIVAMIENTO PERSONAL PORQUE PONE EN JUEGO LA OBRA INTERNA DEL ESPÍRITU SANTO DE LA MANERA MÁS SINGULAR Y PODEROSA.**
- **NOS AYUDA A COMPRENDER MEJOR LA PALABRA DE DIOS HACIÉNDOLA MÁS SIGNIFICATIVA, VITAL Y PRÁCTICA.**
- **TRANSFORMA LA ORACIÓN EN UNA EXPERIENCIA MÁS RICA Y PERSONAL.**

- **PUEDE RESULTAR EN UN AVIVAMIENTO PERSONAL DINÁMICO: AL RECIBIR LA PLENITUD DEL ESPÍRITU SANTO Y RECUPERAR UN FUERTE SENTIDO DE DETERMINACIÓN ESPIRITUAL.**
- **PUEDE RESTAURAR LA PÉRDIDA DE NUESTRO PRIMER AMOR POR EL SEÑOR.**

A través de las eras del Antiguo y del Nuevo Testamento y durante los últimos dos mil años el ayuno fue el medio primordial de la humillación ante Dios.

En Isaías 58.5 el profeta describe el ayuno como el día en que aflige «el hombre su alma». En el Salmo 69.10 David dice: «Lloré afligiendo con ayuno mi alma». Y en el Salmo 35.13-14 dice que «humilló» su alma absteniéndose de comer alimentos.

La humildad es una actitud del corazón. Las Escrituras dicen: «Los sacrificios de Dios son el espíritu quebrantado; al corazón contrito y humillado no despreciarás tú, oh Dios» (Salmo 51.13). Dios nos escucha y responde a nuestro clamor cuando vamos ante Él con humildad y espíritu quebrantado, reconociendo nuestros pecados y arrepintiéndonos de ellos, y pidiéndole que nos limpie por la sangre de Jesús y que nos llene del Espíritu Santo.

# ¿CÓMO AYUDA EL AYUNO?

El ayuno es también un medio fundamental de restauración. Al humillar nuestras almas, el ayuno libera el Espíritu Santo para que haga su obra especial de avivamiento en nosotros. Esto cambia nuestras relaciones con Dios para siempre, llevándonos a una vida más profunda en Cristo y a estar más consciente de la presencia de Dios en nuestras vidas.

El ayuno reduce el poder del yo para que el Espíritu Santo pueda hacer una obra más intensa dentro de nosotros. También ayuda de otras maneras:

- PROVOCA SOMETIMIENTO, INCLUSO HAS-
  TA UN QUEBRANTAMIENTO SANTO, QUE
  SE EVIDENCIA EN UNA PAZ INTERNA Y
  AUTOCONTROL.
- RENUEVA LA PERSPECTIVA ESPIRITUAL Y
  LA FE.
- INSPIRA LA DETERMINACIÓN DE SEGUIR
  EL PLAN REVELADO DE DIOS PARA LA VIDA.

La disciplina del ayuno produjo una gran conmoción en la vida de Andrew Murray, quien escribió: «El ayuno sirve para expresar, profundizar y confirmar la resolución de que estamos listos para sacrificar cualquier cosa [aun] para sacrificarnos nosotros mismos a fin de lograr lo que buscamos para el Reino de Dios».

# EL AYUNO DA PODER

La iglesia primitiva reconoció el ayuno como un medio de obtener poder espiritual. En su libro *El ayuno escogido por Dios*, Arthur Wallis escribe: «El ayuno tiene la finalidad de dar una nota de urgencia e importunidad a nuestra oración y proporcionar fuerzas a nuestro alegato en la corte celestial».[1]

Pero con el correr de los años, Wallis continua, «como la espiritualidad menguó y la mundanalidad floreció en las iglesias, el poder y los dones del Espíritu se retiraron».

Esta misma erosión espiritual puede ocurrir en la vida del creyente de hoy. Sin embargo, la Palabra de Dios declara el ayuno y la oración como un medio poderoso para hacer que el fuego de Dios caiga de nuevo en la vida de la persona.

Este fuego produce los frutos del Espíritu: amor, gozo, paz, paciencia, benignidad, bondad, fe, mansedumbre y templanza (Gálatas 5.22), pero sobre todo el fruto de la justicia y el poder

---

1. Arthur Wallis, *El ayuno escogido por Dios*, Editorial Betania, Miami, FL, 1974, p. 58

espiritual sobre el pecado de la carne y las mentiras del enemigo de las almas.

En su libro *El ayuno*, el autor y maestro Derek Prince describe el ayuno como «una tremenda lección al establecer quién es el amo y quién el siervo. Recuerde, su cuerpo es un siervo maravilloso, pero un amo terrible». Y de acuerdo con Gálatas 5.17 la carne, o sea, la naturaleza carnal, siempre lucha para tener el dominio.

Puesto que el ayuno y la oración rinden el cuerpo, el alma y el espíritu al Señor y Salvador Jesucristo, también generan un sentido más alto de la presencia del Espíritu Santo; crean un gozo renovado y limpio y una determinación restaurada de servir a Dios. En resumen, producen el avivamiento personal. Nuestro poder espiritual no reside en el dinero, el genio, los planes ni el trabajo asiduo. La conquista del poder espiritual más bien viene del Espíritu Santo cuando las personas buscan el rostro de Dios en consagrada y diligente oración y ayuno.

# EL AYUNO EN LA PALABRA DE DIOS

Como lo revela una simple hojeada a una concordancia, el ayuno se menciona a menudo en la Santa Palabra de Dios. Con frecuencia se asocia con el llanto y otros actos de humildad ante Dios. En Joel 2.12-13 el Señor mandó:

> **Convertíos a Jehová vuestro Dios, con ayuno y lloro y lamento. Rasgad vuestro corazón, y no vuestros vestidos, y convertíos a Jehová vuestro Dios.**

En el Antiguo Testamento el ayuno era la manera en que los individuos y el pueblo se humillaba (Salmos 35.13; 69.10; Isaías 58.5). El pueblo de Dios siempre ha ayunado para humillarse, para limpiar sus pecados a través de un arrepentimiento verdadero, para una renovación espiritual y para recibir ayudas especiales. Esdras pidió ayuno para buscar la protección de Dios sobre los judíos que regresaban de Babilonia a Jerusalén (Esdras 8.21).

Con respecto a Esdras, Edith Schaeffer escribe en *The Life of Prayer* [La vida de oración]:

> Este ayuno y oración serio, inclinándose humildemente ante Dios con arrepentimiento e interés por su misericordia, tuvo lugar en el contexto de la necesidad práctica para recibir protección y guía, ayuda en las decisiones y provisión para las cosas materiales.

En el Nuevo Testamento, Lucas cuenta la historia de una profetisa llamada Ana que a los ochenta y cuatro años «no se apartaba del templo, sirviendo de noche y de día con ayuno y oraciones» (Lucas 2.37).

Jesús dio el ejemplo ayunando cuarenta días después de su bautismo. Para Jesús el asunto era de *cuándo* los creyentes debían ayunar, no *si* lo harían o no. Habló de esta manera: «Cuando, pues, des limosna ... cuando ores ... cuando ayunéis» (Mateo 6.2,5,16).

Los profetas y maestros ayunaron en Antioquía (Hechos 13.1-2) y Pablo, quien escribió gran parte del Nuevo Testamento, dijo que estaba «siempre en ayuno» (2 Corintios 11.27).

Entonces para los creyentes la cuestión no era de *¿Debiera ayunar o no?*, sino *¿Ayunaré?*

# CUÁNDO AYUNAR

Algunos enseñan que se debe ayunar *solamente* cuando el Espíritu Santo nos guíe o inste a hacerlo. Sin embargo, la dirección del Espíritu y escucharlo comprende un campo personal muy sugestivo de la vida del cristiano. Los creyentes no siempre escuchan con precisión, sobre todo si Dios les pide que hagan algo que no quieren hacer.

Sin duda, la carne tratará de imponerse sobre los incentivos íntimos que le indican que se abstenga de comer alimentos. Quizás Dios le llame a ayunar, pero la carne a lo mejor le dice: «Eso es solo tu imaginación. ¿Cómo el ayuno te va a sacar de esta situación?»

Una vez que aprenda el propósito y los beneficios del ayuno, tiene la libertad de *proclamar* un ayuno siempre que sienta el deseo de acercarse a Dios de una forma dinámica o la necesidad de buscar ayuda especial de Él.

Quienes firmemente practican el ayuno saben por instinto cuándo hacerlo. Reconocen ciertas condiciones espirituales y circunstancias de la vida como señales para humillarse espiritualmente. Trata de vivir de acuerdo a Filipenses 2.13: «Porque Dios es el que en vosotros produce así el querer como el hacer, por su buena voluntad».

En su libro *Fasting: A Biblical-Historical Study* [El ayuno: un estudio bíblico-histórico], el escritor R.D. Chatham cuenta acerca de la esposa de un pastor que llevaba un diario de sus ayunos. Registraba allí cómo su esposo y ella se sentían, en los cambios de pastorado, sobrecogidos por sus nuevas responsabilidades y se daban cuenta de que necesitaban la ayuda de Dios. Juntos ayunaban por diez días. Dice que si no hubiera ayunado, y como resultado recibido fortaleza especial del Señor, hubiera sucumbido.

Por supuesto, la quieta vocecilla del Espíritu Santo, siempre en armonía con la Palabra de Dios, nos dirá qué hacer si tan solo escuchamos. Hay veces cuando el Espíritu Santo le *instará* a ayunar. En otra página en su diario la esposa del pastor informó: «Lunes: Desperté sintiendo la necesidad de ayunar». Esas indicaciones del Espíritu Santo pueden venir cuando quiera y dondequiera.

Es especialmente importante recibir la dirección del Señor antes de comenzar un largo ayuno espiritual. Si emprende un largo ayuno por su cuenta, puede tener dificultades. Pero si el Señor le guía a un ayuno continuo, le dará la fuerza para llevarlo a cabo.

En 1994 Dios puso en mí por un período de varios meses la idea de que quería que ayunara por cuarenta días. Sin embargo, no estaba seguro de si podía hacerlo por tanto tiempo. Aun así comencé mi ayuno con esta oración: «Señor, ayunaré por todo el tiempo que me capacites. Espero que me ayudes. Reclamo tu promesa en Isaías 40.31: "Los que esperan en Jehová tendrán nuevas fuerzas; levantarán alas como las águilas; correrán y no se cansarán; caminarán y no se fatigarán"». Dios fue fiel a su promesa. Esos cuarenta días de ayuno fueron los más grandiosos de mi vida espiritual hasta el día de hoy.

Desde entonces ayuné con grandes bendiciones por cuarenta días en 1995 y de nuevo en 1996. Al escribir esto, en 1997, estoy comenzando mi cuarto ayuno de cuarenta días. Mi esposa, Vonette, se unió a mí en esta aventura para buscar el rostro de Dios.

# CONSULTE SU DOCTOR

Recomiendo encarecidamente que consulte su doctor antes de ayunar. Es lamentable, sin embargo, que muchos doctores no están preparados en este asunto y, por lo tanto, su conocimiento es limitado.

Al escribir sobre el ayuno, el asunto de los doctores es de mayor preocupación. El escritor Lee Bueno, que dirige seminarios sobre los beneficios físicos y espirituales, hace una gran declaración acerca de la actitud de los doctores en cuanto al ayuno en su libro *Fast Your Way to Health* [Ayune por su salud]:

De mil doctores todos menos uno reaccionan negativamente en cuanto al asunto del ayuno. Nunca han ayunado, saben muy poco sobre esto y recurren a historias extravagantes que han oído. La falta de conocimiento crea un temor innecesario, lo que resulta en peligros infundados e imaginarios y el uso de tácticas asustadizas para [hacerle] evitar el ayuno.

Mi experiencia ha sido similar a la de Bueno. Aun así le animo a que consulte a su doctor antes de comenzar un ayuno largo. Y le sugiero mucho que haga arreglos para un examen físico a fin de asegurarse de que está en buen estado de salud. Puede ser que tenga algún problema físico en que el ayuno sea peligroso o no aconsejable. Pero le advierto, aunque tenga buena salud, su doctor tratará de disuadirle para que no lo haga. Si esto sucede, puede enfrentarse a un dilema como el mío.

A través de los años he ayunado muchas veces, a menudo por un período de una semana y otro de cuatro, sin consultar al doctor. Como mi primer ayuno de cuarenta días fue más prolongado de lo que hubiera emprendido, llamé a varios doctores cristianos y seculares para recibir consejo. Ellos o no sabían nada del ayuno, o trataron de desanimarme del todo y se dieron cuenta de que lo haría por mi cuenta. ¿Obedecería la dirección del Espíritu Santo o seguiría el consejo de doctores incrédulos?

La mayoría de las autoridades sobre el asunto del ayuno creen que si usted es saludable y ayuna como es debido, se beneficiará tanto física como espiritualmente.

Hay ciertas personas que *nunca* deben ayunar sin supervisión profesional:

- PERSONAS FÍSICAMENTE DEMACRADAS.
- LOS QUE SUFREN DEBILIDAD O ANEMIA.
- LOS QUE TIENEN TUMORES, ÚLCERAS SANGRANTES, CÁNCER, ENFERMEDADES SANGUÍNEAS O QUE RECIENTEMENTE HAYAN SUFRIDO DE INFARTO DEL MIOCARDIO.
- LOS QUE SUFREN PROBLEMAS CRÓNICOS DE LOS RIÑONES, PULMONES, DEL CORAZÓN U OTROS ÓRGANOS IMPORTANTES O LOS QUE CONSUMEN INSULINA PARA LA DIABETES.
- MUJERES EN ESTADO DE GESTACIÓN O LACTANTES.
- LOS QUE TEMEN AYUNAR PORQUE NO COMPRENDEN SUS BENEFICIOS O QUÉ

ESPERAN Y AUN CREAN QUE ESTO LES HARÁ MORIRSE DE HAMBRE. El ayuno no es morirse de hambre, pero si las personas tienen dudas genuinas y emociones negativas que deben superarse, ningún argumento les persuadirá a ayunar hasta que lleguen a conocer lo que es el ayuno.

Debe haber personas con otras condiciones que les impidan ayunar. La regla más práctica es: Si tiene serias preguntas acerca de su salud o si está bajo tratamiento médico, debe consultar al doctor antes de abstenerse de alimentos o cambiar su dieta.

# CÓMO AYUNAR

«Según la Escritura, la manera normal de ayunar consistía en abstenerse de toda clase de alimento, sólido o líquido, pero no del agua», dice Richard Foster en su libro *Alabanza a la disciplina*. «Desde el punto de vista físico, esto es lo que generalmente implica el ayuno».[2]

El ayuno *parcial* se describe en el libro de Daniel. Aunque el ayuno de agua parece haber sido la costumbre del profeta, hubo un período de tres semanas en el que se abstuvo solo de manjares: carne y vino (Daniel 10.3).

Richard Foster describe otros dos ayunos bíblicos, el *absoluto* y el *absoluto sobrenatural*. Estos son ayunos totales, lo que significa abstinencia de alimentos sólidos o líquidos y agua.

Pablo tuvo un ayuno absoluto de tres días después de su encuentro con Jesús en el camino hacia Damasco (Hechos 9.9). Ester pidió ayuno absoluto por tres días cuando el Imperio Persa estuvo a punto de aniquilar los judíos (Ester 4.16).

Moisés y Elías se comprometieron en lo que puede considerarse ayunos absolutos sobrenaturales de cuarenta días (Deuteronomio 9.9 y 1 Reyes 19.8).

2. Richard Foster, *Alabanza a la disciplina*, Editorial Betania, Miami, FL, 1986, p. 61.

Mas por causa de la deshidratación no recomiendo los ayunos absolutos o absolutos sobrenaturales. Pueden ser peligrosos para su salud. Le recomiendo que tome mucho líquido incluso agua pura, preferiblemente destilada, y jugos de frutas y vegetales. Obviamente, si Dios le guía a que emprenda un ayuno absoluto o absoluto sobrenatural, debe obedecer. Sin embargo, le animo mucho a que se cerciore, sin lugar a dudas, que Dios le está guiando.

# CÓMO COMENZAR Y CONDUCIR SU AYUNO

La manera en que comience y conduzca su ayuno determinará en gran parte su éxito. Le sugeriré algunos pasos a seguir que le ayudarán a hacer de su tiempo con el Señor más importante y espiritualmente remunerador al mismo tiempo que realza su salud física.

## 1. Establezca un objetivo

El primer paso es establecer un objetivo específico. ¿Por qué ayuna? ¿Será para obtener una renovación espiritual, para pedir dirección, sanidad, solución a problemas, una gracia especial, para enfrentar una situación difícil? Mantener la meta en la perspectiva adecuada le ayudará a continuar su ayuno cuando los deseos físicos o las presiones de la vida le tienten a abandonarlo.

Personalmente creo que el Espíritu Santo nos ha dado a todos los creyentes un llamado urgente a humillarnos a través del ayuno y la oración para que Él pueda conmover nuestras almas, despertar nuestras iglesias y sanar nuestra tierra de acuerdo con 2 Crónicas 7.14. *Le insto a que haga del avivamiento personal, local, nacional y mundial y el cumplimiento de la Gran Comisión el propósito primordial de su ayuno.*

## 2. Establezca un fundamento espíritual

El segundo paso es prepararse espiritualmente. El mismo fundamento del ayuno y la oración es el arrepentimiento. El pecado inconfesado obstaculiza nuestras oraciones. En las Escrituras Dios siempre demanda que su pueblo se arrepienta de sus pecados antes de que Él pueda escuchar nuestras oraciones.

Al comenzar a ayunar le animo a que confiese cada pecado que el Espíritu Santo traiga a su memoria. Incluya los pecados obvios y también los que no lo son como el de haber dejado su primer amor por Dios, la mente carnal, el egoísmo y la indiferencia espiritual, es decir, estar renuente a dar a conocer su fe en Cristo a otros, opuesto a ayudar en la iglesia, a dedicar tiempo para leer la Palabra de Dios y orar. Pídale al Espíritu Santo que le revele cualquier cosa que haya en su corazón que no le agrada a Dios y reclame la promesa de 1 Juan 1.9: «Si confesamos nuestros pecados, Él es fiel y justo para perdonar nuestros pecados, y limpiarnos de toda maldad».

## 3. Prepárese físicamente

El tercer paso es prepararse físicamente. No se apresure a ayunar. Si planea no comer por varios días, descubrirá que es útil empezar a reducir los alimentos antes de abstenerse del todo. Esto le envía una señal a su mente de que ha entrado en el tiempo del ayuno, a la vez que le ayuda a «reducir» su estómago y apetito.

Algunos profesionales en materia de salud sugieren que se coman solo alimentos crudos durante dos días antes de comenzar a ayunar.

La preparación física para el ayuno facilita el cambio drástico en la rutina de la dieta diaria. Entonces podrá volcar toda su atención al Señor en oración.

## 4. Pida la dirección de Dios

El cuarto paso es pedirle al Espíritu Santo que le revele la clase de ayuno que va a emprender. ¿Se va a abstener de alimentos por completo ingiriendo solo agua? ¿O solo agua y jugos? ¿Le está pidiendo que ayune una comida al día o un día a la semana, o varios días o semanas en cada oportunidad? ¿Le está guiando a emprender un ayuno de cuarenta días? Cuando invita al Espíritu Santo a que le guíe en este asunto, hará de su tiempo con Dios más importante.

El ayuno de golosinas, como la de renunciar a pasteles de chocolate o de limón o algún otro plato favorito puede ser elogiable, pero no le permite al Espíritu Santo hacer la obra interna necesaria para lograr cambios reales en su vida espiritual, ni persuade a Dios de que toma en serio el avivamiento para Estados Unidos y para el mundo y cumplir así la Gran Comisión.

Como lo indiqué anteriormente, el ayuno bíblico por lo general exige agua. He llevado a cabo muchos ayunos restringidos a agua solamente por un día o varios días con grandes bendiciones. Sin embargo, recomiendo encarecidamente que ingiera jugos de vegetales y frutas, aunque algunos no recomiendan los jugos de naranja y tomate por su contenido ácido.

Una vez que sepa cómo ayunar, los ayunos cortos de uno o tres días no requieren más que agua, hasta cuarenta días, con efectos beneficiosos tanto espiritual como físicamente, bajo la supervisión diaria de alquien experto en ayunos de agua. Usted tiene más reservas de alimentos almacenadas en la grasa de su cuerpo de lo que se imagina, y la mayoría de nosotros estaríamos más que contentos de perder la grasa.

Sin embargo, hasta que no desarrolle sus «músculos espirituales» o si está emprendiendo un ayuno extenso, es mejor que añada jugos de vegetales y frutas (preferiblemente sin azúcar o endulzantes).

## 5. Actividad limitada

El quinto paso es limitar su nivel de actividades. Haga ejercicios moderados; descanse tanto como su trabajo se lo permita. Las siestas cortas ayudan mucho. «El descanso no es un pecado», explica el doctor Ruibal. «El ayuno en el sentido estricto de la palabra es un descanso sicológico. Su cuerpo descansa del proceso involucrado en la digestión y la asimilación de alimentos para concentrarse en la excreción».

Por eso durante el ayuno puede ser que experimente efectos colaterales. «Algunas personas experimentan dolores de cabeza, de estómago, náuseas, mal gusto en la boca o sienten la lengua pastosa», dice el doctor Ruibal. «Su orina se oscurece y aun el sudor puede tener un olor más fuerte que el normal. Pueden ocurrir vómitos. Esto no es normal, pero tampoco es alarmante. En un ayuno prolongado no es raro tener un poco de fiebre. Básicamente el cuerpo está tomando ventaja del ayuno para limpiarse y sanarse».

## 6. Considere sus medicamentos

El sexto paso es tomar en cuenta los medicamentos. Es particularmente importante que consulte su doctor antes de comenzar un ayuno si está bajo prescripción médica.

## 7. Planee su tiempo de oración

El séptimo paso es apartar un amplio margen de tiempo para estar a solas con el Señor durante su ayuno. Mientras más tiempo esté con Él en comunión, adoración y devoción, y mientras más lea y medite en su Palabra durante este tiempo, mayor será la eficacia de su oración y más importante será su ayuno.

Busque a Dios en oración al meditar en su Palabra cada mañana antes de salir de su hogar o de comenzar su rutina diaria. Vuelva a orar a la hora del almuerzo, y lléguese ante Él de nuevo en el tiempo sosegado de la noche para buscar su rostro. Por supuesto, debe invocar su presencia y continuar en comunión con Él constantemente al orar sin cesar a través del día.

No hay una fórmula establecida en cuanto a cómo orar cuando se ayuna. Decidirá si va a orar en voz alta o en silencio y le pedirá a Dios que le conceda peticiones específicas. Le sugiero que haga una lista y añada a ella las necesidades diarias según vengan a su mente. Ore fervientemente por su familia, pastor, iglesia, comunidad y la nación. Ore pidiendo un avivamiento en nuestra tierra y una gran cosecha espiritual en todo el mundo. Ore para que se cumpla la Gran Comisión.

Podrá esperar ante Dios en quieta meditación al invitar al Espíritu Santo a ministrarle y traerle a la mente las cosas por las que Él quiere que ore.

Debe continuar sus actividades diarias consciente de que aun está ayunando y buscando a Dios. Algunas de las más profundas revelaciones que he tenido han venido al continuar las responsabilidades de mi ministerio mientras buscaba el rostro de Dios e invocaba su presencia.

Si no sabe por qué asuntos orar, o si piensa que ya «se le acabó el repertorio de oración», espere quietamente ante Él. Lea los Salmos u otros pasajes favoritos de las Escrituras y ore reclamando las promesas de Dios. Por ejemplo, ore cada versículo del Salmo 23 en alta voz, dándole gracias a Dios por hacer realidad cada una de esas promesas en su vida. Adore y alabe al Señor. Dígale cuánto le ama y quiere servirle. Pídale que su presencia en su vida lo renueve.

Tal vez decida acercarse a Dios mediante la oración del Padrenuestro que aparece en Mateo 6.9-13. Por lo general, esta oración abarca todo lo que podamos pedir o decirle a Dios. Como introducción a esta oración Jesús le recordó a sus discípulos que «vuestro Padre sabe de qué cosas tenéis necesidad antes de que vosotros la pidáis» (Mateo 6.8).

# CÓMO TERMINAR EL AYUNO

Cuando su tiempo asignado para ayunar termine, comenzará a comer de nuevo. Pero la manera en que rompa su ayuno es sumamente importante, tanto para su salud física como espiritual.

Si finaliza su ayuno poco a poco, como debiera ser, los efectos de los beneficios físicos y espirituales se prolongarán por días. Pero si se apresura en comer alimentos sólidos, y el aspecto de los mismos le pueden tentar a hacerlo, puede darle diarrea, alguna enfermedad, desmayos y hasta puede traerle la muerte debido a un choque. Esto es cierto sobre todo en caso de un ayuno prolongado. El especialista en problemas de nutrición Paul Bragg explica en *The Miracle of Fasting* [El milagro del ayuno]:

> Cuando ha estado ... ayunando, su estómago y los treinta pies de intestinos se han contraído y cuando está listo para romper el ayuno, debe hacerse con cuidado especial.

Llevar alimentos sólidos de repente a su estómago, y al sistema digestivo, crea efectos frustrantes. Puede perder mucho de su profundo sentido de paz y bienestar en el espacio de una sola comida. Aun el ayuno de tres días requiere precauciones razonables. Es aconsejable comenzar con un poco de sopa, algo ligero y nutritivo como un caldo de vegetales hecho con cebollas, apio, papas y zanahorias, y frutas frescas como el melón de agua y de castilla.

Cuando su cuerpo acepte estos alimentos, prosiga con unas cucharadas de alimento sólido como frutas y vegetales maduros o ensalada cruda y papas asadas. (No recomiendo leche ni sus derivados y carnes porque algunos individuos pueden sufrir reacciones adversas a ellos después de un ayuno.) Luego, varias horas más tarde, pruebe con otra pequeña merienda. La idea es volver paulatinamente a la normalidad comiendo porciones pequeñas durante los próximos días. Esto requiere disciplina, pero así evitará dolores severos y otras serias reacciones físicas que traen comer mucho y muy pronto.

Terminé mi ayuno de cuarenta días con una taza de sopa seguida de pequeñas cantidades de melón de agua y otras frutas a cada pocas horas por un par de días hasta que me sentí cómodo al reanudar la dieta normal. Como se podrá imaginar, esa taza de sopa y mis primeros bocados de alimento sólido fueron una delicia. Nunca una comida común había tenido mejor sabor.

# ESPERE RESULTADOS

No todas las personas experimentarán los mismos efectos del ayuno porque no hay dos personas que entren en el ayuno en las mismas condiciones ni con las mismas necesidades. Pero si se humilla sinceramente ante el Señor en arrepentimiento, intercesión y adoración y medita con firmeza en su Palabra, experimentará una conciencia elevada de la presencia de Dios. Su confianza y fe en Él se fortalecerán y se sentirá renovado mental, espiritual y físicamente. Mis tres ayunos de cuarenta días sin duda han probado ser las más grandiosas bendiciones prolongadas de mi vida.

La mayoría de las personas experimentan un avivamiento en gran medida como resultado del ayuno. Además, comenzará a ver la mano de Dios moviéndose en la situación que en un principio le llevó a arrodillarse y a ayunar, incluyendo un despertamiento espiritual por su pastor, su iglesia y los líderes de esta.

Les animo a que se unan a mí en el ayuno y la oración una y otra vez hasta que verdaderamente experimenten lo mejor de Dios para sus vidas, hogares, iglesias, nuestra amada nación y el mundo.

# APÉNDICES:

## Cómo comenzar un ministerio de compañeros de oración en su iglesia

APÉNDICE

# PLANEE SU RETIRO DE COMPAÑEROS DE ORACIÓN

*Venid vosotros aparte a un lugar desierto,*
*y descansad un poco.*
*Marcos 6.31*

El retiro anual es una parte importante de cualquier ministerio de compañeros de oración. Hablando del retiro, Dick Hausam, un antiguo compañero de oración, dijo:

> Siempre los esperaba con ansias. Eran muy formidables e inspiradores. Nunca olvidaré las veces cuando abríamos nuestros corazones unos a otros. John, siempre dabas el tono confesando primero y los demás seguían con naturalidad. Los hombres se ponían en pie y confesaban sus pecados sexuales, de alcoholismo, etc. y lloraban como bebés. Otros se paraban y decían: «El año pasado me puse en pie y recibí oración por esto. Obtuve la victoria y ahora voy a orar por ustedes». Limpiábamos la suciedad antes de ir al altar. Fue en el primer retiro que te vi de un modo diferente, John, como una persona real y no simplemente como el pastor del rebaño.

El retiro de los compañeros de oración es un catalizador del ministerio de compañeros de oración. Es un tiempo excelente para aprender *cómo* orar, practicar lo aprendido, ponerse en contacto con otros compañeros de oración y fortalecer sus relaciones con Dios.

El retiro de compañeros de oración también tiene otro propósito muy importante: proyectar una visión. Para los novatos esta será su primera oportunidad de acompañar al pastor a través de la oración. Para proyectar una visión con eficacia debe mostrarles el valor que tiene la oración por el pastor, a fin de que se apasionen y deseen comprometerse. Para los veteranos compañeros de oración la proyección de la visión servirá para renovar su pasión recordándoles el gozo recibido y entusiasmándoles por el ministerio del año entrante.

# DÓNDE CELEBRAR EL RETIRO

Un retiro de grupo, al igual que un retiro personal, debe celebrarse *lejos de* los lugares conocidos para evitar distracciones y darle privacidad. No se reúnan en la iglesia ni cerca de sus propiedades si lo pueden evitar. Al escoger el sitio, tomen los siguientes detalles en cuenta:

- **DISTANCIA:** Busquen un lugar lo bastante lejos de la iglesia a fin de sentirse especial, pero no tan lejos que sea un inconveniente. Cualquier sitio que requiera más de una hora de viaje probablemente está muy lejos.
- **PRIVACIDAD Y QUIETUD:** Mientras menos distracción, mejor. La privacidad facilita la vulnerabilidad de cada uno ante Dios y los demás. Y con paz y quietud escucharán y orarán con más eficacia.
- **COMODIDAD:** Los participantes estarán en un lugar por unas cuantas horas, por lo tanto, busquen un sitio con asientos cómodos, buena luz, cuartos de baño cercanos y control eficiente de la temperatura. Asegúrense que los equipos de aire acondicionado o calefacción, según sea el tiempo, realmente funcionen. Los centros de retiros y los salones de reuniones en los hoteles están diseñados especialmente para que reúnan estas condiciones y el gobierno de la ciudad o una universidad cercana también podrían brindar un buen salón. Pero si ninguno de estos lugares se ajusta a su presupuesto, siéntanse libres de ser creativos.

Durante años el ministerio de compañeros de oración tuvo lugar en el salón social de otra iglesia local de nuestra denominación. A cambio, les ofrecíamos el uso de nuestro local para algunas de sus actividades. Esto era tanto una opción barata *como* un gesto de buena voluntad entre ambas congregaciones. Ustedes podrían hacer un arreglo similar con alguna iglesia de su área.

# CUÁNDO TENER EL RETIRO

Un retiro de compañeros de oración debe planearse una o dos veces al año. En Skyline lo celebrábamos anualmente un sábado y duraba todo el día desde la ocho de la mañana hasta las tres de la tarde. La mejor época del año para celebrarlo depende del plan de actividades anual de su iglesia. La mayoría de las iglesias están más activas a principios de otoño, después que comienzan las clases, hasta el día de año nuevo. Las actividades tienden a disminuir y la asistencia es más pobre a mediados del verano. Evite ambos extremos. Cuando sus miembros se van de vacaciones, no tendrá la acogida que quisiera tener durante los períodos de más asistencia. Y durante los tiempos ajetreados muchas personas podrán incluir otros compromisos en sus calendarios.

En Skyline descubrimos que el horario de la escuela brindaba tiempos de transición natural para toda la familia, cuando la gente está ansiosa por algo nuevo. El mejor tiempo para «dar el golazo» hacia una nueva era de involucramiento era antes de que las clases comenzaran y después de que todos regresaban de sus vacaciones de verano, es decir, desde finales de agosto hasta principios de septiembre. Otra buena época para nosotros era al principio del verano, después que terminaban las clases, pero antes de que la gente se fuera de vacaciones.

He aquí algunos de los aspectos que, aunque varían, deben tomarse en cuenta:

- **TIEMPO:** Use el sentido común en este aspecto. Si sus veranos son sofocantes y su local no tiene aire acondicionado, no celebre el retiro en julio. Si toda su congregación está helada de frío en invierno, no opte por febrero.
- **ACTIVIDADES DE LA IGLESIA O LA COMUNIDAD QUE SE OPONEN:** Evite programar el retiro cuando pueda competir con otras actividades de igual interés o importancia. Si obliga a su gente a escoger, todos pierden.

# COMIDA Y CONFRATERNIDAD EN UN RETIRO

Antes de que los participantes se puedan relacionar con Dios juntos, deben relacionarse entre sí. Necesitan un ambiente casual y amistoso donde la interacción sea fácil y sincera. Una de las mejores maneras de brindar esta atmósfera es a través de los períodos de comida y confraternidad.

Los retiros de compañeros de oración en Skyline típicamente comenzaban dándole una oportunidad a los participantes de hablar mientras disfrutaban del café, el jugo y pan dulce durante treinta minutos antes de comenzar el programa. También se les daba almuerzo en el retiro y se les animaba a estar algún tiempo juntos para conocerse mientras comían.

# COMPONENTES DE UN RETIRO PODEROSO

## 1. El líder proyecta una visión

Muchos participantes del retiro no estarán seguros de saber en qué consisten los compañeros de oración o por qué están en el retiro. Proyectando una visión, debe responder antes a sus preguntas a fin de prepararles para el resto del plan del día. Como mencioné anteriormente, proyectar una visión motiva la pasión por el ministerio de los compañeros de oración, une a los participantes y promueve el deseo a comprometerse a orar por su pastor.

## 2. Preparación en la oración y pautas para los compañeros

Cada retiro debe incluir alguna preparación y presentación de ejemplos sin importar cuánta experiencia tengan los participantes. Enseñe sobre los temas relacionados con la oración, tales como la intercesión, el ayuno, la alabanza, imposición de manos, devocionales, oración con las Escrituras, etc. La mejor manera de aprender acerca de la oración es *practicándola*, así pues, esté seguro de enfatizar lo que se enseñe durante la oración colectiva.

## 3. El pastor expresa las peticiones de oración para él y la iglesia

Aquí comienza la preparación para la oración, cuando el pastor da a conocer las necesidades de oración para él, su familia y la iglesia. Mientras más específico y diáfano sea el pastor, mejor. Uno de los primeros pasos del avivamiento colectivo surge cuando el líder se pone en pie ante la gente y admite que no puede hacer el trabajo solo y necesita la ayuda de Dios.

Entonces el pastor debe darle a los participantes un tiempo ininterrumpido para pedir a Dios sobre las cosas que Él les llama a orar durante el año entrante.

## 4. Los compañeros hacen sus propias peticiones

Este tiempo de confesión es el más importante del retiro, y si el pastor ha sido franco ante los compañeros de oración, fácilmente ellos seguirán su ejemplo. Cuando se les permite confesar sus necesidades, el pastor sabrá cómo orar por ellos. Además, otros en el retiro se animan al darse cuenta de que no están solos en sus tentaciones. A través de la confesión colectiva Dios irrumpe y renueva el corazón de su pueblo.

## 5. El pastor ora por los compañeros

Los participantes necesitan escuchar a los líderes orar por ellos, ya que esto demuestra su preocupación. Además, este es un momento de limpieza y de cobrar aliento. Tanto el pastor como los compañeros experimentan gran gozo cuando este pide a Dios que satisfaga sus necesidades espirituales.

Cuando alguno confiese, pregunte si alguien más batalla con ese mismo asunto. Logre que todos los que tengan ese mismo problema se pongan en pie y ore por ellos allí mismo.

## 6. Los compañeros oran unos por otros

Después que el pastor ore por los compañeros, haga que ellos escojan otro compañero de oración y se comprometan a orar por él por el resto del año. Anímeles a que se rindan cuenta entre sí y déles tiempo para que estén juntos y oren en grupos de tres o cuatro.

## 7. Cada uno ora por su iglesia

Termine el tiempo de oración concentrándose en las necesidades de la iglesia. Esto vuelve a enfocar la visión en el gran panorama del año siguiente. Ore por las necesidades específicas, desde asuntos del presupuesto hasta las actividades futuras y las necesidades del personal. Pida respuestas específicas a Dios. Cuando los compañeros de oración vean las respuestas de Dios a estas oraciones, su pasión cobrará energía para el año entrante.

## 8. Los compañeros se comprometen a orar el año siguiente

Después que los participantes escuchen los planes y experimenten la obra del Espíritu a través de la oración en conjunto, pídales que hagan una decisión para unirse o continuar su ministerio para el próximo año. Explique claramente todos los requisitos y las responsabilidades. Véase en el apéndice C la planilla de compromiso de compañeros de oración que utilizamos en Skyline.

## 9. Planes para el año

Déle a los compañeros un plan para el año que incluya los futuros desayunos, actividades especiales y énfasis de oración. Véase en el apéndice C los modelos de planillas. También asigne un día en el que van a orar todo el día por el pastor y la iglesia. La frecuencia necesaria dependerá del tamaño del grupo. Por ejemplo, si su grupo es pequeño, podría asignar un día a la semana. Si es grande, un día al mes será suficiente. En Skyline se le pedía a cada compañero que orara durante todo el día un día al mes en la fecha de su cumpleaños, es decir, alguien que nació el día 10 de marzo oraría el día diez de ese mes.

# NOTA PARA EL PASTOR: HAGA SOLO LO QUE PUEDE

Como líder, establece las normas para toda interacción que se lleve a cabo en el retiro. Los compañeros de oración pueden beneficiarle a usted y a su ministerio, pero será tan eficaz como lo permita. Si no muestra tanto sus luchas como sus éxitos, sus compañeros no sabrán cómo orar por usted. Si se muestra poco amistoso o se aleja de otros, sus compañeros, al seguir su ejemplo, no se unirán durante el tiempo de confraternidad y la oración en grupo fracasará. Si no les da las gracias ni reconoce el valor de sus oraciones, perderán la motivación y la pasión.

Sus compañeros de oración siempre seguirán su ejemplo, por lo tanto, asuma la responsabilidad de dar el primer paso en cada aspecto. Su ejemplo es especialmente en los siguientes asuntos:

**1. UNIDAD:** Dedique el tiempo a conocer a cada persona diciéndole que le ama. Presente a las personas que tienen intereses comunes y ayúdeles a conocerse entre sí.

**2. AGRADECIMIENTO:** Nunca deje de agradecer a sus compañeros de oración por su ministerio. Elogie las victorias que vienen como resultado directo de sus oraciones. Siempre comunique que sus oraciones individuales y colectivas son esenciales para el éxito de su iglesia.

**3. FRANQUEZA:** Si va a desarrollar relaciones duraderas con sus compañeros de oración, la franqueza es fundamental. Les comunica que confía en ellos y les valora así como sus oraciones. Al confesar sus pecados, necesidades y debilidades, les muestra cómo pueden orar por usted. Y abre las puertas para que sean francos, también.

APÉNDICE

# B

# PREPARE DESAYUNOS DE COMPAÑEROS DE ORACIÓN

Al igual que en cualquier ministerio, un compañero de oración necesita aliento continuo que surge con la regularidad de sus reuniones. Dennis Suchecki, quien era mi coordinador de compañeros de oración por muchos años en Skyline, dijo en un desayuno trimestral: «Era muy bueno estar con cada uno en los desayunos. Siempre sacábamos mucho de las lecciones sobre la oración del pastor John, y a menudo descubríamos maneras de aplicar muy pronto esos principios que enseñaba. Otra cosa que realmente me conmovió en el corazón era nuestro tiempo de adoración. Mientras adorábamos y alabábamos a través del canto, dedicaba tiempo para escuchar a los demás hombres. ¡Qué bendición tan grande la de oír las voces de tantos hombres unidas en la alabanza a Dios! ¡Cuánto debe haberle encantado al Señor!»

## DÓNDE CELEBRAR SU DESAYUNO

A diferencia del retiro, un desayuno de compañeros de oración *puede* celebrarse en la propiedad de la iglesia. Recomiendo un salón privado y tranquilo de tamaño adecuado según el número de personas que se esperan. Las mesas deben estar puestas de manera que los participantes: 1) disfruten cómodamente su confraternidad mientras comen; 2) participen en la adoración; y 3) vean y escuchen a quien esté hablando o dirigiendo en la adoración.

Sitúe la reunión suficientemente cerca del lugar donde se preparan los alimentos, pero no tanto que los sonidos de la cocina causen distracción. Aun puede considerar la posibilidad de comer juntos en un salón y luego trasladarse a otro más privado para el resto de la reunión.

# CUÁNDO CELEBRAR SU DESAYUNO

Los desayunos de compañeros de oración deben realizarse los sábados en la mañana no menos de una vez trimestral. Al seleccionar la fecha, tome en cuenta la agenda anual de su iglesia y trate de planear los desayunos durante los tiempos más inactivos del año. No planee un desayuno en competencia con otra actividad de la iglesia o la comunidad, ya que esto forzará a los participantes a decidir entre uno de los dos.

En Skyline nos reuníamos temprano en la mañana, de ocho y treinta a diez y treinta para salir temprano y dejar que los participantes tuvieran el resto del día libre.

# COMPONENTES DE UN DESAYUNO ALENTADOR

## 1. Alimentos y confraternidad (60 minutos)

Los tiempos de comer y de confraternizar son excelentes para establecer una fácil interacción natural, lo que es esencial para ayudar a que los compañeros de oración desarrollen relaciones unos con otros. Así pues, el componente de la reunión del *desayuno* es muy importante. Asegúrese de ofrecer tiempo suficiente para un desayuno casual y sin prisa, y anime a los participantes a conocerse mejor.

## 2. Adoración (15 minutos)

La adoración es la mejor manera de preparar los corazones de las personas para oír la Palabra de Dios y orar, ya que les acerca a Dios con naturalidad. Antes de que comience la adoración, rete a los compañeros de oración a que abran sus corazones a Dios y escuchen su voz durante ese tiempo juntos.

## 3. Preparación (45 minutos)

Después de cada desayuno trimestral los compañeros de oración deben retirarse comprendiendo mejor al menos un aspecto de la oración. El pastor u otro líder debe impartir una lección profunda enfocada en ayudar a los participantes a crecer en sus vidas de oración. Algunos buenos temas incluyen la alabanza, la acción de gracias, la intercesión, la meditación, escuchar la voz de Dios, reclamar sus promesas, etc.

Asegúrese de que la lección les dé a los compañeros de oración algunas verdades específicas en las cuales pensar a fin de que las puedan aplicar en los meses subsiguientes.

## 4. Oración (30 minutos)

Debido a que el ministerio se enfoca en la oración, esto debe ser lo último que deben hacer juntos. La oración anima e inspira a los compañeros de oración a continuar apoyando su iglesia de esta manera. Mientras esté en un grupo numeroso, dé a conocer algunas de las recientes respuestas a la oración, ya que esto les recuerda a los participantes los resultados y el valor de su ministerio. Después confeccione una lista de peticiones de oración por el pastor y la iglesia.

Divida a todos en grupos de oración de tres o cuatro personas. Primero recuérdeles cómo pueden aplicar la lección del día en su período de oración. Pídales que den a conocer sus peticiones de oración personal por un lapso de cinco a diez minutos. Luego orarán por la iglesia, el pastor y cada uno por veinte o treinta minutos. Puesto que cada grupo pequeño tiende a terminar en diferentes momentos, recomiendo que les diga que la despedida será cuando su grupo termine de orar. Antes de dividirse en estos pequeños grupos de oración, finalice usted con una oración.

APÉNDICE

# ESTABLEZCA GUÍAS Y CARTAS DE COMPAÑEROS DE ORACIÓN

Para que un ministerio de compañeros de oración tenga éxito, la comunicación sincera y frecuente es importante. Los compañeros de oración necesitan información actualizada y estructurada para orar con eficacia. También necesitan información y dirección en cuanto a *cómo* orar por su pastor.

Además de la preparación que reciben en los retiros y los desayunos, sus compañeros de oración deben recibir una serie de cartas del coordinador de compañeros de oración. Esta debe incluir una carta personal dando gracias por su ministerio junto con instrucciones sobre cómo orar por el pastor y la iglesia durante el mes corriente. En Skyline nuestro coordinador de compañeros de oración también a menudo incluía artículos interesantes e informativos sobre la oración.

Las páginas siguientes contienen explicaciones y muestras de materiales necesarios para informar y guiar a sus compañeros de oración de la iglesia en su ministerio.

1. **RESPUESTA DE COMPROMISO DE LOS COMPAÑEROS DE ORACIÓN (distribuida en el retiro anual)**

2. **GUÍAS PARA DIFERENTES TIPOS DE ORACIONES**
   Oraciones diarias
   Oraciones periódicas intensivas
   Oración durante el culto dominical
   Oración voluntaria por las ofrendas

3. **MODELOS DE CARTAS**
   Invitación al retiro anual
   Invitación al desayuno de oración trimestral
   Carta mensual de aliento e información

# COMPROMISO DE COMPAÑEROS DE ORACIÓN

*Sin duda, nuestra iglesia está a punto de recibir las cosas más grandes que hemos visto. Al avanzar, debemos tener una base de oración fuerte y fiel. Gracias por su interés en ser un compañero de oración.*

Le invitamos a comprometerse en un ministerio que le robará el corazón, ampliará su visión y le conducirá hacia una devoción espiritual más profunda. El deseo de Dios para cada compañero de oración es que desarrolle un ministerio vital y renovado que inunde su vida y sus relaciones con otros.

A todo gran avivamiento espiritual y movimiento de Dios le preceden la dedicación de individuos y grupos que se disciplinan para orar. Podemos participar en un año remunerador juntos al responsabilizarnos los unos por los otros en este ministerio.

A continuación encontrará nuestros compromisos de compañeros de oración. Para participar en este emocionante ministerio le pedimos que asuma las siguientes responsabilidades:

1. Hacerse miembro de la iglesia si aún no lo es.
2. Asistir a los desayunos de oración de compañeros de oración trimestrales.
3. Asistir a nuestro retiro anual de compañeros de oración.
4. Orar todos los días por la iglesia y su personal. Orar por las necesidades específicas en el día de la semana o mes que se le asigne.
5. En el domingo que se le asigne a orar, unirse al grupo de compañeros de oración y al pastor en el salón de oraciones *antes* del culto. Si no puede asistir ese domingo, tiene la responsabilidad de mandar otro compañero de oración en su lugar. Intercambiará peticiones de oración y orará con el pastor, y luego su grupo se quedará para orar durante todo el culto.

## RESPUESTA DE COMPAÑERO DE ORACIÓN

Nombre_____Teléfono (H)_____

Dirección_____(T)_____

Ciudad / Estado o país / Código postal_____

_____ Cumpleaños_____

¿Desea cumplir con los cinco compromisos de compañeros de oración?

❏ Sí        ❏ No

¿En cuál(es) cultos preferiría orar?

❏ 1º    ❏ 2º    ❏ 3º    ❏ 4º

Firma:_____

Comentarios:_____

_____

Petición(es) de oración personal:_____

_____

Informe de adoración personal:_____

_____

# GUÍAS PARA DIFERENTES TIPOS DE ORACIÓN
## Oraciones diarias

### GUÍA MENSUAL DE ORACIÓN POR SU PASTOR

Uno de los compromisos de los compañeros de oración es orar *diariamente* por el pastor y la iglesia. Para facilitarle a los compañeros de oración esto, recomiendo que les mande con regularidad una guía de oración diaria para cada mes (se adjunta una carta mensual).

La oración de compañeros de oración se pueden dirigir de diversas maneras.

**1. Según se sientan guiados:** Para este método no hay límites. Solo lo deben usar los intercesores con experiencia que conocen bien las necesidades del pastor y que no requiere mucha estructura. Instruya a los compañeros de oración que pidan la dirección de Dios al interceder por el pastor y la iglesia. Cuando el Espíritu Santo les guía verdaderamente, pueden abarcar todas las necesidades con eficacia.

**2. Las siete necesidades principales:** Esta brinda un poco más de dirección a sus compañeros de oración y también les ayuda a conocer al pastor y sus necesidades. Pídale al pastor la lista de las peticiones de las siete necesidades principales, tales como la de dedicar tiempo para su familia, sabiduría, unción, etc. Luego asigne cada una para cada día de la semana. En un día determinado cada compañero de oración elevará la petición de la necesidad de ese día. Si sus compañeros de oración han aprendido cómo orar por las Escrituras, incluya una referencia bíblica para que la apliquen a la vida del pastor. Cambie las referencias bíblicas cada mes y las peticiones del momento según sea la necesidad.

## *Ejemplo:*

Cada día de la semana ore por los siguientes asuntos: primero por usted y luego por el pastor. Usando las referencias bíblicas, ore por las Escrituras aplicando la Palabra de Dios a su vida y a la de su pastor.

| | | |
|---|---|---|
| **Domingo:** | Descanso y fuerzas | Salmo 23 |
| **Lunes:** | Intimidad con Dios | 2 Corintios 13.14 |
| **Martes:** | La familia | Efesios 4.32 |
| **Miércoles:** | Eficacia en el ministerio | Efesios 4.11-13 |
| **Jueves:** | Obediencia a Dios | Lucas 9.23-24 |
| **Viernes:** | Liderazgo | Romanos 12.6-8 |
| **Sábado:** | Sabiduría | Santiago 1.5 |

**3. Peticiones por actividades especiales:** Este método lleva a que los compañeros de oración den un paso crucial más adelante. Al informarles necesidades muy específicas por las cuales interceder, les está dando la oportunidad de que vean respuestas concretas a sus oraciones. Esto ayuda a los compañeros de oración a crecer como intercesores y a vincularse más con los pastores.

El coordinador de compañeros de oración debe pedirle a los pastores su plan de trabajo del mes. Entonces el coordinador podrá anotar las actividades importantes y sus fechas para los compañeros de oración y pedirles que oren por ellas. Su lista puede ser larga o corta, o puede variar cada mes. Trabajen con los pastores para decidir qué asuntos incluir.

## *Ejemplo:*

Oren por las necesidades específicas de los pastores y la iglesia en los días apropiados de este mes.

| | |
|---|---|
| 1° de mayo: | Que los asistentes a la reunión de información del ministerio se comprometan a involucrarse en el ministerio en nuestra iglesia. |
| 5 de mayo (dom.): | Unción y dirección del Espíritu Santo para nuestro pastor al predicar sobre la mayordomía en el culto de la mañana. |
| 12 de mayo (dom.): | Vigor y comunicación ungida para nuestro pastor asociado al predicar sobre la consagración en los cultos de la mañana. |
| 16-18 de mayo (dom.): | Viaje seguro y la unción de Dios para nuestro pastor al predicar en la conferencia de evangelización en nuestra denominación. |
| 19 de mayo (dom.): | Visión clara y sabiduría para nuestro pastor al predicar sobre la evangelización en el culto de la mañana. |
| 25 de mayo: | Que nuestros maestros de la Escuela Dominical reciban y apliquen las enseñanzas prácticas en su seminario de preparación, que nuestro pastor asociado se exprese con claridad y eficacia. |
| 26 de mayo (dom.): | Unción y franqueza para nuestro pastor al predicar sobre el discipulado en el culto de la mañana. |

**4. Guía diaria:** Este es el método de guía más completo para los compañeros de oración. Saben con exactitud por qué asuntos orar en un día señalado; además, llegan a conocer los sentimientos del pastor y su visión para la iglesia. El coordinador de compañeros de oración debe pedirle a los pastores una copia de sus calendarios para el mes; luego escribir una petición para la fecha de cada ministerio. Entonces se debe insertar una lista de peticiones continuas en las fechas abiertas (véase el ejemplo a continuación).

Es importante que el coordinador de compañeros de oración sea creativo y que trabaje con el pastor para incluir necesidades que revelan sus verdaderos puntos fuertes y débiles. Por ejemplo, si el pastor tiene los lunes libres, pero admite que tiende a dejar de estar con su familia ocupando sus lunes con asuntos de la iglesia, deberá insertar la petición «tiempo con su familia» cada lunes en el calendario de oraciones.

## Ejemplo (una semana)
*de la guía de oración de los compañeros de oración de John Maxwell:*

| | |
|---|---|
| **30 de octubre** | Visión clara de Dios para INJOY en su reunión administrativa |
| **31 de octubre** | Para que John siga dependiendo de Dios |
| **1° de noviembre** | Protección en el viaje de John a Canadá |
| **2 de noviembre** | Unción para John cuando hable a un grupo de ejecutivos en Canadá; energía y protección en su viaje a Ohio. |
| **3 de noviembre** | Que los pastores y la vida y el ministerio de sus iglesias se transformen como resultado de asistir al seminario de mayordomía de INJOY en Ohio; vigor físico y un viaje seguro a Colorado |
| **4 de noviembre** | Unción para John; que las personas que asistan al seminario del ministerio de laicos de INJOY en Colorado se comprometan a involucrarse en el ministerio de laicos de sus propias iglesias; protección y vigor para John al viajar a Oklahoma |
| **5 de noviembre (dom.)** | Un tiempo especial de adoración para la familia Maxwell |

Siéntase libre de adaptar estas sugerencias a su iglesia y a las necesidades de sus pastores. Ellos trabajan de mil maneras distintas. Hasta el momento, tengo más de trescientos compañeros de oración por todo el país que oran por mí y por INJOY. Cuatro veces al año reciben una guía de oración que combina la guía diaria (número 3) con la de las siete más importantes (número 2). Esto significa que en un día determinado mis compañeros de oración están orando por una petición general, como «sabiduría», junto con una específica para esa fecha.

Recomiendo que use el método que ayude a que sus compañeros de oración se compenetren con su pastor de la manera en que este se sienta más cómodo.

En otras palabras, si el pastor es renuente a revelar muchas necesidades al principio, respete su privacidad e instruya a los compañeros de oración a que oren «según se sientan guiados». Luego, cuando el pastor esté más a gusto dándose a conocer a las personas, haga las peticiones más específicas.

## Oración intensiva y periódica

Además de la intercesión diaria durante sus tiempos a solas con Dios, pídales a sus compañeros de oración que se comprometan a un día de oración intensiva a la semana o al mes. En el día que se les asigne, deben «orar sin cesar» durante todo el día. Así que, mientras más grande sea el grupo, con menos frecuencia necesitan que se les dé la tarea.

# TAREAS SEMANALES DE ORACIÓN

Para grupos pequeños, o de tamaño regular, recomiendo que asigne un día a la semana a cada compañero de oración. Aun el grupo más pequeño puede orar con eficacia de esta manera ya que solo necesita siete participantes para interceder la iglesia con oración. Este método da buen resultado para grupos de cualquier tamaño, siempre que se comprometan a hacerlo semanalmente.

## *Ejemplo de hoja de tarea de oración semanal*
*(para grupos de veintiuna personas):*

| | |
|---|---|
| **Domingos** | Dave Williams |
| | John Smith |
| | Tamara Owens |
| **Lunes** | Russell Johnson |
| | Ken Whiteside |
| | Harry Lee |
| **Martes** | Scott Thompson |
| | Dorothy Ávila |
| | Aarón Mitchell |
| **Miércoles** | Tim Burns |
| | Vince Collier |
| | Stuart Kendall |
| **Jueves** | Ken Miller |
| | Kevin McDougal |
| | Darrell Washington |
| **Viernes** | Víctor Martínez |
| | Wendy Van Huyk |
| | Marty Stanislaski |
| **Sábados** | Rodney Culver |
| | John Dennison |
| | Bill Jones |

## TAREAS DE ORACIÓN MENSUALES

Una vez que el grupo llega a tener treinta y uno, puede transferirlo a un compromiso mensual de oración. Pídales a los compañeros de oración que oren durante todo el día en una *fecha* específica cada mes, por ejemplo, el día quince.

## *Ejemplo del plan de oración mensual*

| | | | |
|---|---|---|---|
| 1 | Stuart Ingram | 17 | Mario Bautista |
| 2 | Todd Williams | 18 | Rodney Gray |
| 3 | Alice Culbertson | 19 | Denise Muñoz |
| 4 | Herb Barnett | 20 | Oscar Porter |
| 5 | Thomas Goode | 21 | Leonard Wallace |
| 6 | Ron Hanson | 22 | Bruce Marshall |
| 7 | Larry Woo | 23 | Joanne Christianson |
| 8 | Art Sorensen | 24 | Max Singer |
| 9 | Dale Hoover | 25 | Víctor Sánchez |
| 10 | Sandra García | 26 | Gene Eldridge |
| 11 | Dave Hopper | 27 | Andrew Bennett |
| 12 | Simone Lange | 28 | Gordon Moore |
| 13 | Marv Van | 29 | Marty Washington |
| 14 | Ben Graham | 30 | Cheryl Jones |
| 15 | Lee Rothmoor | 31 | Darrell Best |
| 16 | Kevin O'Brien | | |

## PLAN DE ORACIÓN MENSUAL: POR CUMPLEAÑOS

Los equipos de compañeros de oración que pasan de cien personas tienen otra opción divertida. En Skyline les pedimos a los compañeros de oración que oraran en la fecha de sus cumpleaños. Por ejemplo, si una persona nació el cinco de diciembre, debe orar el día cinco de cada mes. Puesto que la mayoría de las personas tiende a recordar las fechas de sus cumpleaños, esto dio muy buen resultado. Con un grupo de cien o más todos los días del mes estaban generalmente cubiertos.

## Oración durante el culto dominical

Cuando los compañeros de oración se reúnen para orar los domingos en la mañana, brindan apoyo a sus pastores de la misma manera que Aarón y Hur apoyaron a Moisés en la batalla contra los amalecitas. Cuando el pastor predica la Palabra de Dios a la gente, puede descansar sabiendo que en algún salón dentro o cerca del templo hay dos o más personas reunidas para interceder en oración por el ministerio.

El coordinador de los compañeros de oración debe asignar al menos a dos compañeros para cada culto dominical en la mañana donde uno de ellos sea el capitán. La frecuencia con que cada uno ore dependerá del tamaño del grupo.

## Ejemplo del plan de oración de un mes
### Iglesias grandes (cincuenta o más compañeros)

En este ejemplo, con tres cultos en la mañana, se pueden asignar cinco compañeros de oración para cada uno. La mayoría de los miembros sirven nada más que una vez al mes; solamente unos cuantos aparecen dos veces.

| Primer culto | Segundo culto | Tercer culto |
|---|---|---|
| | 7 de enero | |
| * Todd Williams | * Alice Culbertson | * Art Sorensen |
| + Sandra García | + Ben Graham | + Larry Woo |
| Deanne Hoff | Rhonda Hartson | Kevin O'Brien |
| Simone Lange | Dale Hoover | Mario Bautista |
| Marv Van Sykes | Lee Rothmoor | Rodney Gray |
| | 14 de enero | |
| * Víctor Sánchez | * Joanne Christianson | * Gordon Moore |
| + Oscar Porter | + Max Singer | + Marty Washington |
| Leonard Wallace | Denise Muñoz | Gene Eldridge |
| Bruce Marshall | Cheryl Jones | Darrell Best |
| Kenny Walton | Andrew Bennett | Jimmy Weston |

| Primer culto | Segundo culto | Tercer culto |
|---|---|---|
| | **21 de enero** | |
| * John Elías | * Skip Dubranski | * Gary Jenkins |
| + Bob Smith | + Dale Hoover | + Sergio Durán |
| Paul Sousa | Russell Morgan | Art Sorensen |
| Mark Miller | Bob Navarro | Larry Woo |
| Víctor Sánchez | Alec Jackson | Stan Wilson |
| | **28 de enero** | |
| * Dwayne Owens | * Dave Hopper | * Tom Goode |
| + Bruce Marshall | + Stuart Ingram | + Dan Kelly |
| Scott Collins | Judy Levine | Jimmy Weston |
| Leonard Wallace | Beatrice Delgado | Charles Lee |
| Herb Barnett | Alice Culbertson | Cordell Shaw |

* Capitán de oración
+ Persona que orará por las ofrendas durante el culto

## Ejemplo del plan de oración de un mes
*Iglesias medianas (doce compañeros)*

Los miembros del equipo de ministerio de este tamaño sirven dos veces al mes en grupos de tres personas. Al igual que en grupos de cualquier tamaño, pueden rotar como «capitán» según la necesidad.

| Primer culto | Segundo culto |
|---|---|
| | **7 de enero** |
| * Dave Williams | * John Smith |
| + Tamara Owens | + Russell Johnson |
| Ken Whiteside | Harry Lee |
| | **14 de enero** |
| * Scott Thompson | * Dorothy Avila |
| + Aarón Mitchell | + Tim Burns |
| Vince Collier | Stuart Kendall |

| Primer culto | Segundo culto |
|---|---|

**21 de enero**

| Primer culto | Segundo culto |
|---|---|
| * Ken Whiteside | * Tamara Owens |
| + Dave Williams | + John Smith |
| Harry Lee | Russell Johnson |

**28 de enero**

| Primer culto | Segundo culto |
|---|---|
| * Vince Collier | * Tim Burns |
| + Scott Thompson | + Dorothy Ávila |
| Aarón Mitchel | Stuart Kendall |

* Capitán de oración
+ Persona que orará por las ofrendas durante el culto

## Ejemplo del plan de oración de un mes
*Iglesias pequeñas (ocho compañeros)*

| 7 de enero | 21 de enero |
|---|---|
| * Dave Jacobs | * Ken Miller |
| + Tim Ainsler | + Stan Lukowski |

| 14 de enero | 28 de enero |
|---|---|
| * Scott Patterson | * Vince Collier |
| + Aarón Mitchell | + Russell Jackson |

* Capitán de oración
+ Persona que orará por las ofrendas durante el culto

## Oración durante el culto del domingo
*Ejemplo de una guía de oración del domingo en la mañana*

### 26 de noviembre de 1989

### ESTA MAÑANA:

El sermón del pastor Joe se titula: «Paz para los días de fiesta». Ore para que mantengamos nuestras perspectivas durante esta época ajetreada.

## ESTA NOCHE:

El coro presentará un «Festival de Navidad», bello culto con velas donde se interpretará música tradicional navideña.

## PETICIONES DE ORACIÓN:

- Que continuemos cubriendo nuestras necesidades presupuestarias
- Preparación del árbol de Navidad. Sabiduría y fuerza física para el director y el personal, seguridad durante su construcción, salud para los participantes y los miembros del equipo de preparación, y que la audiencia incluya personas no cristianas
- Firme actitud de avivamiento personal y colectivo
- Depender continuamente de Dios mediante la oración
- Los días de fiesta algunas veces son difíciles para las personas de edad, las que viven solas y las viudas. Ore para que el consuelo y aliento de Dios se revele en las vidas de quienes necesitan su toque divino.

## MISIONEROS DEL MES:

Don y Paula Denison, y Butch y Susana Waltholtz
Recordatorio:
Nuestro próximo desayuno está programado para el sábado veintisiete de enero a las ocho de la mañana en el Centro.

## Oración voluntaria por las ofrendas

*Ejemplo de guía de oración por las ofrendas*

Por lo general, en el horario mensual de oración se asigna a un compañero de oración para orar por las ofrendas en cada culto. Si usted tiene esta tarea, tenga en cuenta las siguientes pautas.

## PROCEDIMIENTO:

1. Reúnase antes del culto con su capitán de compañeros de oración para informarle que puede contar con él para orar. Si alguien va a sustituirlo, comuníqueselo.
2. La oración por las ofrendas ocurre durante los primeros quince o veinte minutos del culto. Por tanto, debe entrar al auditorio al comenzar el culto. Siéntese en un asiento próximo al pasillo entre los asistentes que están cerca de la plataforma.
3. Durante el tiempo de confraternidad, mientras las personas estén de pie saludándose unas a otras, deje su asiento y diríjase a la plataforma.
4. Preséntese a quien dirige el culto como la persona que va a orar por las ofrendas. Si otro compañero lo va a sustituir, asegúrese de comunicárselo para que este se presente como es debido.
5. Cuando el director del culto se vaya al micrófono, párese a sus espaldas, pero a no más de diez pies de distancia, para que rápidamente pueda avanzar hacia el púlpito cuando lo llame.
6. Después de orar, baje de la plataforma, salga del auditorio y únase a los demás compañeros de oración durante el resto del culto en el salón de oración.

## PAUTAS DE ORACIÓN:

- **Prepárese:** La preparación le dará confianza y disminuirá su miedo escénico. Pero le advierto de que su oración no parecerá natural si se prepara demasiado. No escriba ni ensaye demasiado su oración, sino planee *de forma general* lo que va a decir y deje que el Espíritu Santo le guíe.
- **Muéstrese tal cual es:** No trate de ser más elocuente de lo que realmente es. Recuerde que no necesita

impresionar a Dios con su dominio del lenguaje, y es a Él a quien le está hablando. También recuerde que su oración debe alentar, no aburrir la congregación. Use palabras sencillas y frases cortas y deje de hablar cuando no tenga más que decir.

- Sea breve: Recuerde que su propósito es hacer una oración breve, no dar un «sermoncito», citar las Escrituras ni dar un testimonio.
- Aunque la oración ante grupos grandes puede ser intimidante, también es gratificante. Lo que hacemos con más frecuencia se convierte en lo más natural. Y no solo nos alegrará representar a la congregación ante el Señor, sino que también experimentaremos un increíble crecimiento espiritual.

# MODELOS DE CARTAS

## Invitación al desayuno de compañeros de oración

*Querido compañero de oración:*

Nuestro próximo desayuno de compañeros de oración está programado para el sábado veintisiete de enero a las ocho de la mañana en el Centro. Pasaremos un buen rato desayunando y confraternizando seguido de un servicio de adoración maravilloso. Luego el pastor Robert impartirá una gran lección sobre los principios de la oración. Y, desde luego, tendremos la oportunidad de orar juntos como grupo.

*Espero que se una a nosotros. Será un tiempo maravilloso de ministerio y crecimiento. Por favor, llame a la secretaria de la iglesia y haga su reservación.*

*Sinceramente,*
*Ken Miller*
*Coordinador de compañeros de oración*

# Invitación al retiro de compañeros de oración

*Querido compañero de oración (o posible compañero de oración):*

*Si está interesado en orar por el pastor Robert el próximo año, por favor, planee unirse a nosotros en el retiro anual el sábado catorce de septiembre, desde las ocho de la mañana hasta las tres de la tarde, en el centro de retiros de aquí.*

*Si puede o no venir, llene la planilla de inscripción al final de esta carta y envíenosla a la iglesia a más tardar el domingo ocho de septiembre.*

> *Sinceramente,*
> *Ken Miller,*
> *Coordinador de compañeros de oración*

## Inscripción para el retiro de compañeros de oración

Nombre_____Teléfono_____

Dirección / Ciudad / Estado / País_____

_____

❏ Adjunto $8.00 para el retiro del 14 de septiembre. (Haga sus cheques pagaderos a la iglesia.)

❏ No puedo asistir al retiro, pero me gustaría continuar siendo compañero de oración. (Los probables compañeros de oración deben asistir al retiro para servir en este ministerio).

❏ Quisiera suspender mi servicio como compañero de oración.

*Favor de enviarla a:*      *(Nombre de la iglesia)*
                            *(Dirección)*
                            *(Ciudad y país)*
                            *Para: Secretaria de la iglesia*

# Ejemplo de la carta mensual del coordinador de compañeros de oración

*25 de julio de 1996*

*Querido compañero de oración:*

*Quiero expresarle mi gratitud por su contribución al ministerio de compañeros de oración de nuestra iglesia. Dios ha hecho cosas increíbles como resultado de nuestras oraciones. Hemos experimentado maravillosos servicios de adoración y ministerio en nuestros recientes cultos dominicales en la mañana, y el pastor Robert lo atribuye completamente a usted y al ministerio de compañeros de oración. Me cuenta del aliento que siente al predicar cada domingo sabiendo que a corta distancia un grupo de compañeros de oración intercede por él en oración.*

*Estoy muy entusiasmado en cuanto a dónde nos dirigimos con este ministerio el próximo año. Espero que renueve su compromiso con los compañeros de oración en nuestro próximo retiro del catorce de septiembre. ¡Anótelo en su calendario!*

*Adjunto hallará su guía diaria de oración para agosto incluyendo las peticiones del pastor por él, su familia y nuestra iglesia. También he incluido el plan de oración de los domingos en la mañana. Finalmente espero que se inspire como yo con el artículo adjunto de Christianity Today.*

*Gracias de nuevo por su participación como compañero de oración. Su apoyo a nuestro pastor da como resultado el crecimiento del Reino en nuestra iglesia.*

*Sinceramente,*

*Ken Miller,*
*Coordinador de compañeros de oración.*
*Anexos*

Querido amigo:

La necesidad de orar por los pastores es muy grande. Este año la tercera parte de todos los pastores de las iglesias locales considerarán la posibilidad de renunciar bajo el peso de sus responsabilidades. En Estados Unidos una denominación solamente contempla la renuncia de un promedio de cuatro pastores diarios debido al desaliento, al fracaso personal y profesional y la pérdida de su objetivo.

Durante los más de veintiún años que he estado en el ministerio del púlpito, la mejor decisión que hice fue desarrollar un ministerio de compañeros de oración. A través de este trabajo, Dios me ha guiado por una senda fantástica de crecimiento. La iglesia creció. Las personas crecieron. Yo crecí. Y nacieron ministerios impresionantes y eficaces en mi vida. Fue la experiencia más increíble de todo mi pastorado.

Ya que he experimentado el poder cambiante de la vida de un ministerio de compañeros de oración, quiero dar a conocer esa experiencia al mayor número posible de iglesias. Me he propuesto la meta de alcanzar un millón de compañeros de oración para los pastores de Estados Unidos. Y por eso he escrito este libro y el esfuerzo de levantar compañeros de oración ha sido uno de los propósitos primordiales de EQUIP [por sus siglas en inglés].

¿Quiere ser uno que marque la diferencia en la vida de su pastor y de su iglesia? ¿Desea convertirse en el actor más valioso de su pastor? Si está listo para hacer uno de los más estratégicos compromisos de su vida y estar de acuerdo en orar por su pastor por un año, tenga la bondad de informarme su decisión devolviendo la tarjeta de respuesta que se adjunta en este libro. Quisiera orar por *usted* y añadir su nombre al ejército en expansión de compañeros de oración a través de toda la nación.

Comprométase hoy. ¡Será una de las cosas más emocionantes que haya hecho!

Su amigo,


John Maxwell

EQUIP es una organización sin fines de lucro fundada por John Maxwell y dedicada a levantar líderes a nivel mundial. Si nosotros, los de la comunidad cristiana, levantamos líderes, ganaremos muchos seguidores para Cristo.

Si desea más información acerca de este ministerio único, favor de llamar al 1-888-993-7847.